孩子的品格，
决定未来的成就

英子——编著

天津出版传媒集团

天津科学技术出版社

图书在版编目（CIP）数据

孩子的品格，决定未来的成就 / 英子编著 . — 天津：天津科学技术出版社 , 2023.1

ISBN 978-7-5742-0643-4

Ⅰ . ①孩… Ⅱ . ①英… Ⅲ . ①品德教育 – 青少年教育 – 家庭教育 Ⅳ . ① G782

中国版本图书馆 CIP 数据核字（2022）第 234980 号

孩子的品格，决定未来的成就

HAIZI DE PINGE JUEDING WEILAI DE CHENGJIU

策划编辑：杨　譞

责任编辑：张　萍

责任印制：兰　毅

出　　版：天津出版传媒集团
　　　　　天津科学技术出版社

地　　址：天津市西康路 35 号

邮　　编：300051

电　　话：（022）23332490

网　　址：www.tjkjcbs.com.cn

发　　行：新华书店经销

印　　刷：德富泰（唐山）印务有限公司

开本 880×1 230　1/32　印张 6　字数 160 000

2023 年 1 月第 1 版第 1 次印刷

定价：38.00 元

前　言

　　品格优势成就孩子的未来，它会提高孩子的自控能力、专注力、抗逆力、情绪管理能力、自我效能及天赋优势。

　　品质是人的立身之本，是通向成功的第一阶梯，一个人的品质和修养决定了他成就的大小。成长中的青少年要想在未来取得杰出成就，必先锤炼出优秀的品质。在成长的道路上，需要以优秀的品质来启迪自己的智慧，激发自己的力量，升华做人的境界。只有具备了优秀的品质，才能够实现自己人生的价值，创造出卓越和精彩的人生。

　　品格是各大名校的教育之本，本书浓缩了这些百年名校积累的人生智慧的精华，结合古今中外大量成功者的言行、思想，系统总结了教给学生应具备的15种优秀品质，以帮助广大青少年从众多榜样人物的人生经历中感悟这些品质对整个人生的重要性，从而自觉锤炼自我。创新的体例、有趣的图片和生动的文字有机结合，共同打造出一个轻松愉悦的阅读空间。对于青少年来说，书中没有冗长的说教，只有无穷无尽的榜样力量；没有累赘的语言，只有深刻的人生哲理感言，引导孩子们以一种正向、积极的心态，为他们营造愉悦的成长氛围，塑造孩子未来的幸福感和更高可能性。

　　优秀的品质是人生的桂冠和荣耀，它是一个人最宝贵的财产，是人性的最好表现形式，是一个人地位和身份的象征。青少年正处在人格成长的关键时期，只有塑造优秀的品质，未来的道路才会更宽广、更远大。

目　录

4 坚韧——在充满荆棘的道路上奋进

5 勇敢——战胜自己，才能战胜别人

6 进取——做自己命运的开拓者

7 勤奋——攀登成功的阶梯

自信
——成功的人生始于自信

哈佛告诉你 ✍

　　自信是成功的第一秘诀，是一个人取得成功的内在驱动力。只有自信的人才能够在成功的路上步履如飞，而缺乏自信的人则一定是步履蹒跚。对于青少年来说，在内心树立起自信，用信念激发出自己内在的勇气和雄心，是迈向成功人生的第一步。

每个人心头都隐伏着一头雄狮

　　信心使一个人得以征服他相信可以征服的东西。

——萧伯纳

　　土耳其谚语说：每个人的心中都隐伏着一头雄狮。中国古语说：人皆可以为舜尧。这些鼓舞人心的话道出了这样一个真理：每个人都可以成功。只要我们相信自己的力量，充分发挥自身的潜能，每个人都可以大有作为。

自信心是一个人取得成功的内在驱动力。它能够使弱者变强，强者更健。只有自信的人才有可能在成功的路上健步如飞，而缺乏自信的人则一定是步履蹒跚者。美国作家爱默生说得好："自信是成功的第一秘诀，自信是英雄主义的本质。"对于青少年来讲，在内心树立起自信，用自信激发出自己内在的勇气和雄心，它可以激发你积极进取的精神，促使你努力把梦想变成现实，是他们迈向成功人生的第一步。

林肯总统说过，喷泉的高度不会超过它的源头，一个人的事业也是一样，他的成就不会超过自己的信念。如果你想象玛格丽特那样取得骄人的成就，就不能轻视自己的信心，以小人自甘。要在内心树立起自信，抛弃无所作为、甘居下游的想法，充满信心地去施展自己的才华。

俄国著名的文学家高尔基说过："人最凶恶的敌人，就是意志的薄弱和信心的缺乏。"信心的缺乏会限制一个人的潜能，束缚一个人的发展。而树立自信的关键就在于我们内在的信心。

有一则寓言，说的是一个懦夫想摆脱自己软弱的个性，让自己变得勇敢起来，就报名参加了"杀兽"学校。这所学校专门培养人的能力和胆量，使人敢于拿起剑杀死吞食少女的怪兽。校长是有名的魔术师莫里。莫里对懦夫说："你不必担心，我给你一支魔剑，此剑魔力无边，可以对付各种凶恶的怪兽。"培训中这位懦夫使用魔剑杀死了很多头模拟的怪兽。结业考试时，他将面对真的吞食少女的怪兽了。不料冲到山洞口，怪兽伸出头露出狰狞面目时，他抽出剑，却发现拿错了剑，魔剑丢在了学校，手中的剑只是平日玩时用的。这时后退已不可能，那样只会被怪兽吞食。他挥动那把普通的剑，居然杀死了怪兽。莫里校长会心地笑了，他说："我想你现在已经知道了没有一支剑是魔剑，唯一的魔术在于相信自己。"

这则寓言说明了这样一个道理：每个人都有创造奇迹的魔力，只要你相信自己，真正的魔剑就在你的内心。生活中，我们难免会有畏难和退缩的时候，在巨大的困难和压力之下，我们常常会背上沉重的心理包袱，甚至会因此而丧失自信，这个时候你就要勇敢地站出来，直面困难，相信自己的能力，这样，困难就不会成为你成功的障碍。

著名的成功学大师拿破仑·希尔说过："成功并不是少数人的专利，每个人的出生都是为了成为一个成功者。"只要你能够在自己的内心树立起自信，你就能和所有的伟人和成功者一样，拥有卓越的人生。

信念是所有奇迹的萌发点

要有自信，然后全力以赴——假如有这种信念，任何事情十有八九都能成功。

——威尔逊

美国纽约州第一位黑人州长戴维·帕特森，从小并不怎么受老师欢迎，他跟那里很多孩子一样有着诸多不良习惯：总是口出秽语，还喜欢逃课打架……刚上任的教师奥里森煞费苦心地劝说这些孩子，却像对牛弹琴一样，一点儿效果也没有。

奥里森实在不甘心看到这些孩子再这样发展下去，便想出了一个绝妙的方法。他知道这里的人们非常迷信，于是就在课堂上给孩子们看起了手相。起初，孩子们都不太愿意接受，后来看到奥里森对大家手相的推测，将来他们一个个不是地位显赫就是财大气粗，因此孩子们也都愉快地接受了。

戴维·帕特森看到同伴们的命运都如此之好，便也按捺不住，最终走上台去，让老师帮自己也看一看。奥里森煞有介事地把这只黑乎乎的小手看了又看，"研究"了好半天，然后认真地说道："你以后一定会是纽约州的州长。"

"这是真的吗？我会是一名州长？"戴维·帕特森有点不敢相信自己的耳朵。他疑惑地望着老师，但从此却在心里暗暗确立了当州长的信念。从那以后，戴维·帕特森改掉了自己身上的种种恶习，在他看来一个真正的州长就应该是这样的。一直以来，他心中当州长的念头丝毫没有动摇，他始终朝着自己的目标奋斗着。51岁那年，戴维·帕特森登上了纽约州第53任州长的宝座。他是有史以来，纽约当选的第一位黑人州长。

在戴维·帕特森的就职演说中，有这么一句话。他说："信念值多少钱？信念是不值钱的，它有时甚至是一个善意的欺骗，然而你一旦坚持下去，它就会迅速升值。"

因此我们可以说：在这个世界上，信念这种东西任何人都可以免费获得。成功的人，最初都是从一个小小的信念开始的——

信念就是所有奇迹的萌发点。

信念是一个人成功的动力，是造就人生奇迹的伟大力量。如果你想了解奇迹背后是什么的话，请你阅读一下下面这个美国小男孩的故事。这名小男孩的父母希望他们的儿子能成为一位体面的医生。可是，男孩读到高中便被计算机迷住了，整天鼓捣着一台十分落后的苹果机，他把计算机的主机拆下又装上。

男孩的父母很伤心，告诉他，应该用功念书，否则根本无法立足社会，可是，男孩说："有朝一日我会开一家公司的。"但是，父母根本不相信，还是千方百计按自己的意愿培养男孩，希望他能成为一位医生。

不久，男孩终于按照父母的意愿考入了一所医科大学，可是他只对电脑感兴趣。在第一学期，他从当地零售商处买来降价处理的 IBM 个人电脑，在宿舍里改装升级后卖给同学。他组装的电脑性能十分优良，而且价格便宜。不久他的电脑不但在学校里走俏，而且连附近的律师事务所和许多小企业也纷纷来购买。

第一个学期快要结束的时候，他告诉他的父母，他要退学，父母坚决不同意，只允许他利用假期推销电脑，并且承诺，如果一个夏季销售不好，那么，必须放弃电脑。可是，男孩电脑生意就在这个夏季突飞猛进，仅用了 1 个月的时间，他就完成了 18 万美元的销售额。

他的计划成功了，父母很遗憾地同意他退学。他组建了自己的公司，打出了自己的品牌。在很短的时间内，他良好的商业成绩引起投资家的关注。第二年，公司顺利地发行了股票，他拥有了 1800 万美元的资金，那年他才 23 岁。10 年后，他创下了类似于比尔·盖茨般的神话，拥有资产 43 亿美元。他就是美国戴尔公司总裁迈克尔·戴尔。比尔·盖茨曾经亲自飞赴他的住所美国奥斯汀向他祝贺。比尔·盖茨对他说："我们都坚信自己的信念，并且对这一行业富有激情。"两位商业巨人的手紧紧地握在一起。

戴尔的成功告诉我们，每项奇迹都是始于一种伟大的想法。或许没有人知道今天的一个想法将会走多远，但是，我们不要怀疑，只要静下心来，努力去做，那么心中的梦想就会触手可及。

信念好比航标灯射出的明亮的光芒，在朦胧浩瀚的人生海洋中，牵引着人们走向辉煌。高高举起信念之旗的人，对一切艰难困苦都无所畏惧。相反，信念之旗倒下了，人的精神也就垮了下来。而从来就不曾拥有过信念的人对一切都会畏首畏尾，在漫长的人生旅途中抬不起头，挺不起胸，迈不开步，整天浑浑噩噩，看不到光明，因而也感觉不到人生的幸福和快乐。

一天晚上，一位名叫杰克的青年站在一条河边，一脸忧郁。

这天是他 30 岁生日，可他不知道自己是否还有活下去的必要。因为杰克从小在福利院里长大，身材矮小，长相也不漂亮，讲话还带着浓重的法国乡下口音，所以他一直很瞧不起自己，认为自己是一个既丑又笨的乡巴佬，连最普通的工作都不敢去应聘，没有工作，也没有家。

就在杰克徘徊于生死之间的时候，与他一起在福利院长大的好朋友汤姆兴冲冲地跑过来对他说："杰克，告诉你一个好消息！"

"好消息从来就不属于我。"杰克一脸悲戚。

"不，我刚刚从收音机里听到一则消息。拿破仑曾经丢失了一个孙子。播音员描述的相貌特征，与你丝毫不差！"

"真的吗，我竟然是拿破仑的孙子？"杰克一下子精神大振，联想到爷爷曾经以矮小的身材指挥着千军万马，用带着泥土芳香的法语发出威严的命令，他顿感自己矮小的身材同样充满力量，讲话时的法国口音也带着几分高贵和威严。

第二天一大早，杰克满怀信心地来到一家大公司应聘。

20 年后，已成为一家大公司总裁的杰克，查证出自己并非拿破仑的孙子，但这早已不重要了。

杰克的故事告诉我们，信念可以创造奇迹，信念能够唤起一个人的自信，无论是谁，只要把自己的信念牢牢地根植于心，就能够克服重重困难，实现自己的理想。

不要受他人评价的左右

一个人除非自己有信心，否则不能带给别人信心，已经信服自己的人，方可使人信服。

——阿诺德

社会心理学家指出，大多数人都很容易接受外来意见。人类天生对父母、爱人、家人、朋友、领袖的影响开放心胸，他们的评价对孩子的成长有很大的影响。对大部分孩子来说，他们的一生，往往早已被父母设计定型，如此一来，便可能隐匿了他们内心真正的驱动力。

大多数人都被证明，轻易接受建议是危险的，旁人的建议，无法使自己变成个人真正的样子，反而容易被操纵成别人理想的样子。

这世界上爱唱反调的人真是太多了，他们随时随地都可能会列举出若干个理由，说你的理想不可能实现，在这种情况下你一定要坚定自己的立场，相信自己的力量，不要因为他人的评价而放弃自己内心的想法。

哈代是一个发明家，但他周围的朋友和同事都认为他是一个满脑子怪念头的"傻瓜"。当他弄明白电影发明的原理之后，便从电影胶卷的转盘中产生了灵感：他让胶卷上的画面一次只向前移动一格，以便老师能够有充足的时间详细阐述画面里的内容。

这个想法让哈代受到不少嘲笑，但是他没有因此退缩，经过反复试验之后，哈代终于成功地实现了让画面与声音同步进行的目标，创造了"视听训练法"。

另外，作为一名游泳运动员，哈代曾经两度入选美国奥运会游泳代表队，也曾经连续3届获得"密西西比河16千米马拉松赛"的冠军。哈代在游泳的时候，觉得大家在比赛时使用的游泳姿势不好，决心加以改变。

但是，当他把想法告诉教练时，教练认为他的想法太过荒唐，立刻加以拒绝。一位游戏冠军也告诫他不要冒险尝试，以免不小心在水里淹死。

当然，哈代还是没有理会他们的告诫，仍然不断地挑战传统的游泳姿势，最后终于发明了自由式游泳。自由式游泳现在已经成为国际游泳比赛的标准姿势之一。

不要怕被称为傻瓜，有时候，真理只站在少数人这边。要相信自己内心的想法，努力去实现它，这样，你才能取得人生的胜利。巴尔扎克说过："发明家全靠一股了不起的信心支持，才有勇气在不可知的天地中前进。"同样，在人生成长的道路上你也要靠自己内心强大的自信支持自己的行动，而不是让别人的言行左右你的成长。

杰克是一位年轻的画家。有一次他在完成一幅杰作后，拿到展厅去展出。为了能听取更多的意见，他特意在他的画作旁放上

一支笔。这样一来，每一位观赏者，如果认为此画有败笔之处，都可以直接用笔在上面圈点。当天晚上，杰克兴冲冲地去取画，却发现整个画面都被涂满了记号，没有一笔一画不被指责的。他十分懊丧，对这次的尝试深感失望。

他把他的遭遇告诉了一位朋友，朋友告诉他不妨换一种方式试试，于是，他临摹了同样一张画拿去展出。但是这一次，他要求每位观赏者将其最为欣赏的妙笔之处标上记号。

等到他再取回画时，结果发现画面也被涂满了记号。一切曾被指责的地方，如今却都换上了赞美的标记。

"哦！"他不无感慨地说，"现在我终于发现了一个奥秘：无论做什么事情，不可能让所有的人都满意，因为，在一些人看来是丑恶的东西，在另一些人眼里或许是美好的。"

画展里的这种情况，我们常常会在现实生活里碰到。同样的事，同样的人，常常会得到不同的评价。仔细想想，这也并不奇怪，因为人世间每一个人的眼光各不相同，理解事物的角度也不一样。所以遇事要用正确的思维方式，不要完全相信你听到的看到的一切，也不要因为他人一时的批评而迷失自己。

我们无论做什么，一定要对自己有一个清楚的认识，要有自己的主见，不能因为别人一时的批评和议论而迷失自己，改变自己，失去了自己的主见。

心理学家认为，外部因素虽然可以影响一个人的决定，然而真正起决定性作用的还在于一个人的内心。也就是说，不经你的同意，没有人能够影响你。一个人的自信心越强，就越不容易受到外界的影响。心理学家讲过这样一个例子：如果你在船上走近一位看起来很可怜的人，对他说："你看起来好像很不舒服，你的脸色好苍白，我想你一定是晕船了。我扶你到你的船舱去。"你晕船的提示和他自己的恐惧感联结在一起，该乘客的脸色会变得更苍白了。他接受了你的扶助，到船舱里躺了下来。你的消极、不好的提示经他接受之后，就成真了。

对于同一提示，不同的人会有不同的反应。这是因为他们潜意识所接受的状况和思想不同的关系。如果你不是走近一名乘客，而是走到一名水手面

前，同情地说："老弟，你看起来好像很不舒服。你感到难过吗？我看，你要晕船了。"

根据他特有的身份，他不是笑说你在"开玩笑"，就是会显得有点生气。在这种情形之下，你的提示他是听不进去的。因为你提出晕船的提示，在他的心中引不起恐惧或忧虑，反而会激起他的自信心。

一项提示或者评价是把某种事物状况，灌输到一个人心中的行为或步骤。也就是一个人的心智对所提示的想法和观念加以考虑、接受，或付诸实施的处理过程。你必须记住：一项提示如果和你的意念方向不一，就无法把某种事物状况灌输到潜意识中。换句话说，你的意识具有排斥提示的力量。譬如，对于水手来说，他根本不怕晕船。他早已使自己深信自己不会晕船，因此你消极、否定的提示，对他根本就不起作用。

我们每个人，内心都有着自己的信念和见解。我们心里的这些认定，会统治、支配我们的生活。别人的提示本身并没有力量，除非你在心理上已经接受了它。一旦你接受了它，就会促使你思想上的改变，对你的成长轨迹造成影响。

找到属于自己的音符

不要失去信心，只要坚持不懈，就终会有成果。

——钱学森

富兰克林说过，宝物放错了地方便是废物。一个人找到自己的特长，学会经营自己的长处，就能够化自卑为自信。事实上，每个人都有自己的长处，教育家 R.H. 里夫斯博士写过一个常被人引用的寓言，题为"动物学校"，该寓言说明了尊重差异的重要性。故事是这样讲的：

很久很久以前，动物们决定必须干一番勇敢的事业，以应付"新世界"的问题。于是，它们建立了一所学校，选定了活动课程，其中包括跑步、爬树、游泳和飞翔。为了方便管理，所有动物要参加所有科目。

鸭子擅长游泳，实际上比教练游得都好，飞翔的成绩也很优异，但却很不擅长跑步，由于它跑步成绩很差，放学后只得留在学校，还不得不中断游泳来练习跑步。它练呀，练呀，直到最后把双脚磨得不成样子，游泳也落了个一般水平。然而，在学校里，一般水平是可以接受的，所以，除了鸭子本身外，没有谁为此而担忧。

兔子开始在全班跑得最快，但由于需要一次次地补考游泳，搞得神经衰弱了。

松鼠爬树成绩优异，可后来被飞翔课搞得灰心丧气，因为老师让它从地面向上飞，而不是从树上向下飞。它由于练得太用劲，把肌肉扭伤了，结果爬树得了 C，跑步得了 D。

鹰最不听话，不得不被严加约束。在爬树课上，它击败所有对手，首先到达树顶，但却坚持使用自己的方式。

这年结束时，一条游泳技术超群，在跑步、爬树和飞翔方面也略具本领的畸形鳝鱼平均成绩最好，并成为致告别词的毕业生代表。

草原犬鼠没有入学并反对征税，因为行政当局不愿将挖洞列入课程。它们让孩子跟着地鼠学徒，后来与土拨鼠和地鼠合伙建立了一所成功的私立学校。

R.H. 里夫斯博士的这则寓言说明了每个人的才能都是有差异的，我们不必因为羡慕别人的长处而丧失自己的自信，而应当找到自己的长处，努力将自己的长处发掘出来，这样，有助于我们在内心树立起自信。

李扬是一位著名的配音演员，广受大家喜爱的卡通形象唐老鸭就是他配的音。李扬在初中毕业后参了军，在部队当一名工程兵，他的工作内容是挖土、打坑道、运灰浆、建房屋。可是李扬明白，自己身上潜在的宝藏还没有被开发出来：那就是自己一直喜爱的影视艺术和文学艺术。

在一般人看来，这两种工作简直是风马牛不相及的。但李扬却坚信自己在这方面有潜力，应该努力把它们发掘出来。于是他抓紧时间工作，认真读书看报，博览众多的名著剧本，并且尝试着自己搞些创作。退伍后李扬成了一名普通工人，但是他仍然坚持不懈地追求自己的理想。没过多久，大学恢复招生考试，李扬考入北京广播学院，变成了一名大学生。从此，他用来发掘自己身上宝藏的机会一下子多了起来。经几个朋友的介绍，李扬在短短的 5 年中参加了数部外国影片的译制录音

工作。这个业余爱好者凭借着生动的、富有想象力的声音，参加了《西游记》中美猴王的配音工作。1986年初，李扬迎来了自己事业中的辉煌时刻，风靡世界的动画片《米老鼠和唐老鸭》招聘汉语配音演员，风格独特的李扬一下子被迪士尼公司相中，为可爱滑稽的唐老鸭配音，从此一举成名。李扬说，自己之所以成功，是因为一直没有停止过挖掘自己的长处。

很多人之所以自卑就是因为没有找到自己的长处，没有挖掘出自身的潜力。每个人身上都有独特的特长和天分，只要能找出自己的特长，发挥自己的天分，你就能够为自己赢得自信。

每个人都有自己的特长，并适合于不同的工作岗位。不同的工作岗位对人才的素质与才能的要求也不同。比如，做一个杰出的临床医生，必须具有很好的记忆力；研究理论物理学，抽象思维能力不可少；一个数学家没有必要一定具备实际操作、设计和做实验的能力，虽然这种能力对于一个化学研究者来说是必不可少的；而天文学是一门观察科学，需要很好的观察能力、浓厚的兴趣和长久的毅力。

人的兴趣、才能、素质也是不同的。如果你不了解这一点，没能把自己的所长利用起来，你所从事的行业需要的素质和才能正是你所缺乏的，那么，你将在平凡的工作中失掉信心和热情，而你的才能也将会被埋没。反之，如果你有自知之明，善于自我设计，从事你最擅长的工作，你就会获得成功。

自立

——自立自主方可驾驭人生

　　自立是生存的开始，是成功的保证。青少年应当学会在社会中自立，不能太依赖别人的帮助。依靠别人的帮助只能满足一时之需，要想在社会中生存下去，就得依靠自己的力量。青少年要想在未来的社会竞争中取胜，就应当及早培养自立自主的意识，做到自立自强。扔掉依赖的拐杖，发现自己的那一天，就是你人生成功的开始。

自立是生存的开始

　　人，谁都想依赖强者，但真正可以依赖的只有自己。

——德田虎雄

　　自立是生存的开始。如果一个人总是依靠别人的搀扶才能够

行走，总是要靠别人的指点才能够行动，那么这个人一旦失去了别人的帮助，就没有独立生存下去的能力。

一群小狐狸稍稍长大后，狐狸妈妈便"逼"它们离开家。曾经很护崽的狐狸妈妈忽然像发了疯似的，就是不让小狐狸们进家，又咬又赶，非要把它们都从家里撵走。最后小狐狸们只好依依不舍地去开始自己的独立生活。多么冷酷的心理断奶！但这又是多么理智的生存教育啊！我们也应该像狐狸妈妈对待小狐狸那样来对待自己。

比尔·克林顿7岁的时候，家里在温泉城外买了一个小农场，并且还雇用了一名女佣。比尔的家庭并不富裕，但是雇女佣是霍普人的传统。每当克林顿的母亲到医院去上班，女佣便负责照料克林顿和弟弟罗杰的起居和生活。但克林顿却几乎不用女佣照料，一切都试着自己去做。不仅如此，他还常常主动去照顾弟弟罗杰，陪他玩耍，哄他入睡。母亲回忆说，不是谁要克林顿那样去做，而是克林顿常常抢着去做女佣该做的事情，"完全负起了责任"。这有时令女佣感到非常为难。

女佣玛丽对克林顿的优良品行和高度责任心十分赞叹，断定克林顿将来必成大器。她说自己很早就发现克林顿跟别的孩子不同。他对人友善、礼貌，而且有很强的责任心和领导力。学校中的一些小伙伴常常围着他转，他俨然是他们当中的"头"。回到家里，他不用别人督促，便会井井有条地把该干的事情干好。

克林顿之所以能够成为美国总统，有很大一部分原因得益于他在很小的时候就树立了独立自主的精神，凡事都试着自己去做。在西方世界中，青年人较强的自立意识十分值得我们学习。尊重个人价值、个人尊严是自立、自强观念的核心。美国人的自立意识是生活方式中的最根本观念，是信奉个人主义。其含义是相信每个人都具有价值，都应按其本人的意愿和表现来对待和衡量。这种个人主义同自私自利不同，它表现在社会实践中，对个人独立性、创造性、负责精神和个人尊严的尊重。在家庭中，孩子应受到作为个人所应受到的尊重。成年后，他们对自己的生活和前途有选择的权利和自由，从而对自己的遭遇，不论好坏都由自己负责。父母只能起"咨询作用"，不能为儿女代为安排个人的事宜。成年儿女一般都自立门户，独立生活。

在美国的一些大学生中，尽管父母有钱，也不愿仰仗他们。毕业后找不到合适的工作，用不上专业特长，宁可降格以求，大材小用。目的是要有工作，自己挣钱独立生活。

这些大学生中，自力更生、勤工俭学的占较大比例，"花花公子"式的是少数。学生在学校里"打工"，维护环境卫生等，收取一定报酬。他们并不以干各种杂工为耻，都能尽职做好。因而美国的大学生当临时工的不少，他们养成了劳动的习惯，增长了社会知识，还学会了某些技能，也解决了部分学习费用。

自立是青少年准备面向未来的重要素质，也是他们迈向成熟的第一步。在生存的道路上，自立是最开始的准备工作。

自立是生存的开始。如果我们要在生活中自立，就要养成自理的好习惯，自己能做好的事一定要靠自己的力量做好。因为我们迟早要独自面对这个社会。如果说长辈的呵护是一篓鲜嫩的鱼，那么自理就是一根鱼竿。鱼总有吃完的时候，你只有得到钓鱼的鱼竿，才能保证你未来的生活衣食无忧。

然而，在现在的青少年朋友中，具有自理能力的实在太少了。一位北京某大学的新生，从小就被父母娇生惯养，考取大学后，因缺乏独立生活的能力而被迫离开梦寐以求的学府。

根据中国青少年研究中心"中国城市独生子女人格发展状况调查"显示，20.4％的青少年明确表示"缺少生活自理能力"；18.3％的青少年"做事依赖别人"；28％的青少年"很少帮助家长干活"。

国内有一位著名的青少年教育专家曾忧心忡忡地说，青少年在父母如此"周到"的服务、如此"严密"的保护中，自理行为大大减少，对成年人依赖性越来越强。很多青少年都将父母的呵护当作"拐杖"，可是却没有想过，一旦离开了"拐杖"，自己就寸步难行。

青少年朋友将来面对的竞争，绝不仅仅是知识和智能的较量，而

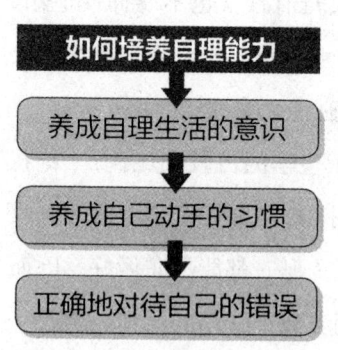

如何培养自理能力

养成自理生活的意识

养成自己动手的习惯

正确地对待自己的错误

是综合能力的较量。没有自理能力，你在起跑线上就输了。因此，从小培养自理能力，是每个杰出青少年必须具备的素质要求。

青少年可以通过以下几种途径培养自己的自理能力。

首先，要养成生活自理的意识。

我们缺乏培养自理能力的意识主要有两方面的原因：一方面是娇惯自己，不愿意让自己"受苦"，怕自己不小心磕着或碰着。另一方面是父母怕麻烦，有些父母说：有教孩子做事情的那些时间，自己也就替他做好了。其余的事情包括力所能及的事都不用做，从而剥夺了他们生活自理的机会。当今独生子女缺乏自理能力普遍是由于上述原因所造成的。

事实上，这种完全忽略自理能力培养的心态，既害了孩子，也害了父母。因此，强化培养自理能力的意识是很有必要的。其次，要养成自己动手的习惯。

在训练自理能力的时候，除了训练自己管理自己的日常生活以外，还要特别强调训练自己学做家务。如自己做早点、洗袜子、拿牛奶、买东西等。同时，可以要求父母对你提出切合实际的要求并做出具体的技术性指导，即使是洗手帕、洗碗碟或收拾房屋也要注意这一点。

最后，要正确地对待自己的错误。

有时候，由于年龄小，认知水平不高，考虑问题不周全，力气小，在做事的过程中，难免会出现一些失误。不要指责自己，更不能惩罚自己，对于有失误的地方，要分析原因，找到问题所在，以提高操作的技能和水平。这样，既能保护自己自理生活的自觉性、积极性，培养良好的心理品质；又能逐步走向成熟，不断提高自己的认知水平和生活自理能力。

如果你总是做得不好，也切不可性急，更不能灰心沮丧，自我否定。要以激励为主，肯定自己做得好的方面，在此基础上找出不足之处，从而为下一次避免失误找到方法。这样做，不仅可以锻炼自理能力，而且极大地增强了自信心，将对促进身心发展产生积极作用。

自助者天助

智者一切求自己，愚者一切求他人。

——卡莱

自助者，天助之。遇到问题，不要抱怨，不要依赖于别人，自己积极地动脑筋，想办法，一切都会迎刃而解的。

自力更生和自己战胜自己能够教会一个人从自身力量中汲取动力。

在这种动力的激发下，挫折不仅不会变成不幸和痛苦，相反，通过吃苦耐劳，坚忍不拔的自助实干，挫折和不幸会转化成为一种幸福，它能够唤起人们奋发向上的激情，并为之勇敢地战斗。

约翰·内斯就是一个自立自强的好例子。

约翰·内斯出生于 1932 年。他在出生的时候发过一次高烧，结果导致他患上了大脑神经系统瘫痪，这种神经系统紊乱严重影响了他的说话、行走和对肢体的控制。他长大后，人们都认为他肯定在神智上还存在着严重的缺陷和障碍，州福利院将他定为"不适于被雇用的人"。专家们说他永远都不能工作。

约翰能取得日后的成就应当感谢他的母亲，她一直鼓励约翰做一些力所能及的事情。她一次又一次地对约翰说："你能行，你能够工作、能够独立。"

约翰受到母亲的鼓励后，开始从事推销员的工作。他从来没有将自己看作是"残疾人"。开始时，他向福勒刷子公司提交了一份工作申请，但该公司拒绝了他，并说，他根本无法完成该公司的业务。几家公司都做出了同样的判断。但约翰坚持了下来，他发誓一定要找到工作，最后怀特金斯公司很不情愿地接受了他，同时也提出了一个条件：约翰必须接受没有人愿意承担的波特兰、奥根地区的业务。虽然条件非常苛刻，但毕竟是个机会，约翰欣然接受了，约翰终于坚定地在自我的道路上迈开了第一步。

1959 年，约翰第一次上门推销，反复犹豫了 4 次，才最终鼓起勇气按响了门铃，开门的人对约翰推销的产品并不感兴趣。接着是第二家，第三家。约翰的生活习惯让他始终把注意力放在寻求更强大的生存技巧上，所以即使顾客对产品不感兴趣，他也不会灰心丧气，而是一遍一遍地去敲开其他人的家门，直到找到对产品感兴趣的顾客。

38 年来，他的生活几乎重复着同样的路线，他一直坚定地走着自己的道路。

每天早上，在他工作的路上，约翰会在一个擦鞋摊前停下来，让别人帮他系一下鞋带，因为他的手非常不灵巧，要花很长时间才能系好；然后在一家宾馆门前停下来，宾馆的接待员给他扣上衬衫的扣子，帮他整理好领带，使约翰看上去更好一些。不论刮风，还是下雨，约翰每天都要走 16 千米，背着沉重的样品包，四处奔波，那只没用的右胳膊蜷缩在身体后面。这样过了 3 个月，约翰敲遍了这个地区的所有人家的家门。当他做成交易时，顾客会帮助他填写好订单，因为约翰的手几乎拿不住笔。

出门 14 个小时后，约翰会筋疲力尽地回到家中，此时他关节疼痛，而且偏头痛还时常折磨着他。

一年年过去了，约翰负责的地区的家门越来越多地被他打开，他的销售额也渐渐地增加了。24 年过去了，他上百万次地敲开了一扇又一扇的门，最终他成了怀特金斯公司在西部地区销售额最高的推销员，成了销售技巧最好的推销员。

在顽强地自我奋斗的路上，约翰获得了巨大的成就。

1996 年夏天，怀特金斯公司在全国建立了连锁机构，现在约翰没有必要上门进行推销，说服人们来购买他的产品了。此时，约翰成了怀特金斯公司的产品形象代表，他是公司历史上最出色的推销员，公司以约翰的形象和事迹向人们展示公司的实力。怀特金斯公司对约翰的勇气和杰出的业绩进行了表彰，他第一个得到了公司主席颁发的杰出贡献奖，后来这个奖项只颁发给那些拥有像约翰·内斯那样杰出成就的人。

在颁奖仪式上，约翰的同事们站起来为他欢呼鼓掌，欢呼和泪水持续了 5 分钟。怀特金斯公司的总经理告诉他的雇员们："约翰告诉我们，一个有目标的人，只要全身心地投入到追求目标的努力中，那么生活中就没有事情是不可能做到的。"那天晚上约翰·内斯的眼中没有痛苦，只有骄傲和自豪。

约翰·内斯的故事说明这样一个道理，一个人只要相信并充分依靠自己的力量，自立自强，便没有克服不了的困难。世界上真正能拯救自己和帮助自己的人只有自己。

有一次，美孚石油公司董事长洛奇到一家分公司去视察工作，在卫生间里，看到一位小伙子正跪在地上擦洗黑污的水渍，并且每擦一下，就虔诚地叩一下头。洛奇感到很奇怪，问他为何如此？这位小伙子答道："我在感谢一位圣人。"

洛奇问他为何要感谢那位圣人？小伙子说："是他帮助我找到了这份工作，让我终于有了饭吃。"

洛奇笑了，说："我曾经也遇到一位圣人，他使我成了美孚石油公司的董事长，你愿意见他一下吗？"小伙子说："我是个孤儿，从小靠别人养大，我一直都想报答养育过我的人。这位圣人若能使我吃饱之后，还有余钱，我很愿意去拜访他。"

洛奇说："你一定知道，南非有一座高山，叫胡克山。据我所知，那上面住着一位圣人，能为人指点迷津，凡是遇到他的人都会前程似锦。10年前，我到南非登上过那座山，正巧遇上他，并得到他的指点。假如你愿意去拜访，我可以向你的经理说情，准你一个月的假。"

这位年轻的小伙子是个虔诚的教徒，很相信神的帮助，他谢过洛奇后就真的上路了。他风餐露宿，日夜兼程，最后终于到达了自己心中的圣地。然而，他在山顶徘徊了一天，除了自己，什么都没有遇到。

小伙子很失望地回来了。他见到洛奇后说的第一句话是："董事长先生，一路我处处留意，但直至山顶，我发现，除我之外，根本没有什么圣人。"洛奇说："你说得很对，除你之外，根本没有什么圣人。因为，你自己就是圣人。"

后来，这位小伙子成了美孚石油公司一家分公司的经理，有一次，在接受记者采访时，他向记者讲述了上面的故事，并补充了这么一句话："发现自己的那一天，就是人生成功的开始。任何人只要相信自己，就能够创造奇迹。"

一个人唯一可靠的是自己，除了你自己，没有另外一个人可以带给你成功。你发现自己的那一天，就是你人生成功的开始。

自食其力才能赢得尊严

手懒的要受贫穷，手勤的得到富足。

——《圣经》

要想在社会上立足，就要摆脱依赖他人的想法，不断提高自身的能力，练就一身谋生的好本领。这样才能为自己赢得尊严。

一年冬天，美国加州的一个小镇上来了一群逃难的流亡者。长途的奔波使他们一个个满脸风尘，疲惫不堪。善良好客的当地人家家生火做饭，款待这群逃难者。镇长约翰给一批又一批的流亡者送去粥食，这些流亡者，显然已好多天没有吃到这么好的食物了，他们接到东西，个个狼吞虎咽，连一句感谢的话也来不及说。

只有一个年轻人例外，当约翰镇长把食物送到他面前时，这个骨瘦如柴、饥肠辘辘的年轻人问："先生，吃您这么多东西，你有什么活儿需要我干吗？"约翰镇长想，给一个流亡者一顿果腹的饭食，每一个善良的人都会这么做。于是，他说："不，我没有什么活儿需要您来做。"

这个年轻人听了约翰镇长的话之后显得很失望，他说："先生，那我便不能随便吃您的东西，我不能没有经过劳动，便平白得到这些东西。"约翰镇长想了想又说："我想起来了，我家确实有一些活儿需要你帮忙。不过，等你吃过饭后，我就给你派活儿。"

"不，我现在就做活儿，等做完您的活儿，我再吃这些东西。"那个青年站起来。约翰镇长十分赞赏地望着这个年轻人，但他知道这个年轻人已经两天没有吃东西了，又走了这么远的路，可是不给他做些活儿，他是不会吃下这些东西的。约翰镇长思忖片刻说："小伙子，你愿意为我捶背吗？"那个年轻人便十分认真地给他捶背。捶了几分钟后，约翰镇长便站起来说："好了，小伙子，你捶得棒极了。"说完就将食物递给年轻人，他这才狼吞虎咽地吃起来。约翰镇长微笑地注视着那个青年说："小伙子，我的庄园太需要人手了，如果你愿意留下来的话，那我就太高兴了。"

那个年轻人留了下来，并很快成为约翰镇长庄园的一把好手。两年后，约翰镇长把自己的女儿詹妮许配给了他，并且对女儿说："别看他现在一无所有，可他将来百分之百是个富翁，因为他有尊严！"

果然不出所料，20多年后，那个年轻人真的成为亿万富翁了，他就是赫赫有名的美国石油大王哈默。哈默穷困潦倒之际仍然有自尊、自立的精神，赢得了别人的尊敬和欣赏，也为自己带来了好运。

一个人只有自立才能为自己赢得尊严。一个在穷困中仍然能够保持自立精神，不依靠别人的施舍生活的人，最终必将获得人生的成功。杰克7岁那年，他的父亲去世了，他还有一个2岁大的妹妹，母亲为了这个家整日操劳，但是赚的钱仍难以让这个家的每个人都填饱肚子。看着母亲日渐憔悴的样子，杰克决定帮着赚钱养家，因为他已经长大了，应该为这个家贡献一份自己的力量了。

一天，他帮助一位先生找到了丢失的笔记本，那位先生为了答谢他，给了他 1 美元。

杰克用这 1 美元买了 3 把鞋刷和 1 盒鞋油，还自己动手做了个木头箱子。带着这些工具，他来到了街上，每当他看见路人的皮鞋上全是灰尘的时候，就对他们说："先生，我想您的鞋需要擦油了，让我来为您效劳吧！"他对所有的人都是那样有礼貌，语气是那么真诚，以至于每一个听他说话的人都愿意让这样一个懂礼貌的孩子为自己的鞋擦油。他们实在不愿意让一个可怜的孩子感到失望，他们知道这个孩子肯定是一个懂事的孩子，面对这么懂事的孩子，怎么忍心拒绝他呢！

就这样，第一天他就带回家 50 美分，他用这些钱买了一些食品。他知道，从此以后每个人都不需要再挨饿了，母亲也不用像以前那样操劳了，这是他能办到的。

当母亲看到他背着擦鞋箱，带回来食品的时候，流下了高兴的泪水，"你真的长大了，杰克。我不能赚足够的钱让你们过得更好，但是我现在相信我们将来可以过得更好。"母亲说。

就这样，杰克白天工作，晚上去学校上课。他赚的钱不仅为自己交了学费，还足够维持母亲和小妹妹的生活。他知道，"工作不分贵贱，只要是靠自己的劳动赚来的钱就是光荣的"。

靠别人的施舍或者资助而生活的人，无法赢得别人的尊重，而他本人也体会不到劳动的价值和快乐。一个人只有自食其力才能够为自己赢得尊严，因此，青少年要摆脱依赖他人的想法，尝试着用自己的双手来养活自己。

学会自己拿主意

我们的忠告是每个人都应该坚持他为自己开辟的道路，不被权威所吓倒，不受别人的观点所牵制，也不被时尚所迷惑。

——歌德

青少年要培养独立自主的人格，就要学会遇事自己拿主意，而不是处处依赖父母，让他们替自己出主意，做主张。

独立就意味着要青少年遇事能够学会自己拿主意，要敢于坚持自己的想法，而不是总让别人替自己出主意或者是受别人言论的影响。明朝人吕坤特别反对这种做事没主心骨，没主见，只是"依违观望，看人言为行止"的做人毛病。他说，如果做事先怕人议论，做到中间一有人提出反对意见，就不敢再做下去了，这不仅说明这个人没有"定力"，也说明其没有"定见"。没有定见和定力，就不是一个独立自主的人。吕坤说，做人做事，首先要能独立思考，辨明是非，选择正确的立场观点。吕坤进一步说，每个人的想法都不会完全一致，我们不能要求人人的看法都与自己相同。因此我们做事要看我们想达到的目标效果，而不要过于顾虑事前一些人的议论；等你事情做好了，那些议论自然也止息了。即使事情没做成，但只要是正确的，也就是应当做的，成败也就只是个结果。

心理学家认为，一个具有健康人格的人是自由的人，而自由主要体现在这个人能够自主地、有选择地支配自己的行为上。这种自主感不是凭空产生的，其中很大一部分来自少年期对自由支配时间的体验。创造自己的自主空间，可以从下面几方面做起：

（1）遇事先自己拿主意。遇事先想该怎么办，自己做主，然后再听取父母的意见，从中学到解决问题的经验和技巧，这样才能使智力有所增长，培养自主的能力。

（2）尝试着培养独立思考的能力。允许自己独自在一定的限度内犯错误，甚至允许做错。但要学会从小独立思考和自我服务。

（3）当你充满信心去实践自己的主张时，不要太依赖外部的帮助。当你遇到困难时，不要轻易向父母求援或接受他们的帮助，随着你的长大和成熟，既要培养自己的责任心，又要有越来越多的独立性，你可以逐渐减少对父母的依赖和对他们的服从，有更多的自由去管理自己的事情。

（4）学会从小自己做决定。一旦做出决定，就必须意识到要对选择后果负责任。比如，一个青少年如果在他得到一星期的零花钱的第一天就把它花光了，那么他就必须尝尝那个星期其余几天没有钱的滋味。自主能力往往都是在几次成功与失败的过程中树立起来的，不要太在意失败。

乐 观

——积极的心态改变你的世界

哈佛告诉你

  积极的心态可让你获得成功的人生。决定一个人成功的因素不仅仅是能力，更重要的是能否始终乐观地看待自己周围的事物，身处逆境时能否依然积极乐观地寻找改变逆境的方法。每个人都是自己心灵的主宰，也是自己人生的主宰，面对人生的磨难和挫折，应当时刻保持积极进取的精神，在乐观中汲取继续走向成功的力量。

变更心境就能够变更生活

上天给人一分困难时，同时也给人一分智慧。

——雨果

  心理学家认为，一个人具有什么样的心态，他就可以成为一个什么样的人，他就能够拥有一个什么样的人生。事情往往是这样，你相信会有什么结果，就可能会有什么结果。这说明一个人可以通过变更自己的心境来变更自己的生活。

伟大的心理学家阿德勒究其一生都在研究人类及其潜能，他曾经宣称他发现人类最不可思议的一种特性——"人具有一种反败为胜的力量"。

戴尔·卡耐基讲述了一位叫汤姆森太太的经历，正好印证了这一点。

第二次世界大战时，汤姆森太太的丈夫到一个位于沙漠中心的陆军基地去驻防。为了能经常与丈夫相聚，她搬到那附近去住，那实在是个可憎的地方，她简直没见过比那更糟糕的地方。她丈夫出外参加演习时，她就只好一个人待在那间小房子里。热得要命——仙人掌树荫下的温度高达 125 华氏度（45 摄氏度），没有一个可以谈话的人。风沙很大，到处都有沙子。

汤姆森太太觉得自己倒霉到了极点，觉得自己好可怜，于是她写信给她父母，告诉他们她放弃了，准备回家，她一分钟也不能再忍受了，她宁愿去坐牢也不想待在这个鬼地方。她父亲的回信只有 3 行，这 3 句话常常萦绕在她的心中，并改变了汤姆森太太的一生：

有两个人从铁窗朝外望去，

一人看到的是满地的泥泞，

另一个人却看到满天的繁星。

她把父亲的这几句话反复念了多遍，忽然间觉得自己很笨，于是她决定找出自己目前处境的有利之处。她开始和当地的居民交朋友。他们都非常热心。当汤姆森太太对他们的编织和陶艺表现出极大的兴趣时，他们会把拒绝卖给游客的心爱之物送给她。她开始研究各式各样的仙人掌及当地植物，试着认识土拨鼠，观赏沙漠的黄昏，寻找 300 万年以前的贝壳化石。

是什么给汤姆森太太带来了如此惊人的变化呢？沙漠没有改变，改变的只是她自己。因为她的态度改变了，正是这种改变使她有了一段精彩的人生经历，她发现的新天地令她既兴奋又刺激。于是她开始着手写一本书，讲述她是怎样逃出了自筑的牢狱，找到了美丽的星辰。

汤姆森太太的故事说明了这样一个朴素的道理：人可以通过改变自己的心境来改变自己的人生。对于身处逆境中的人来说更是如此。

著名的思想家爱默生说过："真正的快乐不见得是愉悦的，它多半是一种胜利。"是的，快乐来自一种成就感，一种超越的胜利，一次用积极心态战胜消极情绪的经历。

身处逆境，积极乐观的人，看什么都是明媚的，而悲观的人看什么都是暗淡的。即使是悲观的人，如果肯动手去创造，也会发现太阳并不总是被乌云遮住的。

企业家卡尔森原是一个身无分文的穷光蛋，但是他从没对自己有一天能成为富翁产生过怀疑。即使在一种十分被动和不利的条件下，他依然能够顽强进取，积极寻找成功的机会。

有一次，卡尔森发现了一个商机。于是他借来钱办了一个制

造玩具的小沙漏厂。沙漏是一种古董玩具，它在时钟未发明前用来测每日的时辰；时钟问世后，沙漏已完成它的历史使命，而卡尔森却把它作为一种古董来生产销售。

本来，沙漏作为玩具，趣味性不多，孩子们自然不大喜欢它，因此销量很小。但卡尔森一时找不到其他比较适合的工作，只能继续干他的老本行。沙漏的需求越来越少，卡尔森最后只得停产。但他并不气馁，他完全相信自己能够战胜眼前的困难，于是他决定先好好休息，轻松一下，他便每天都找些娱乐，看看棒球赛，读读书，听听音乐，或者领着妻子、孩子外出旅游。但他的头脑一刻也没有停止开拓的思考。机会终于来了，一天，卡尔森翻看一本讲赛马的书，书上写道："马匹在现代社会里失去了它运输的功能，但是又以高娱乐价值的面目出现。"在这不引人注目的两行字里，卡尔森好像听到了真理的声音，高兴地跳了起来。他想："赛马骑师用的马匹比运货的马匹值钱。是啊！我应该找出沙漏的新用途！"

就这样，从书中偶得的灵感，使卡尔森精神重新振奋起来，把心思又全都放到他的沙漏上。经过几天苦苦的思索，一个构思浮现在他的脑海：做个限时3分钟的沙漏，在3分钟内，沙漏里的沙子就会完全落到下面来，把它装在电话机旁，这样打长途电话时就不会超过3分钟，电话费就可以有效地控制了。

想好了后，他就开始动手制作。这个东西设计上非常简单，把沙漏的两端嵌上一个精致的小木板，再接上一条铜链，然后用螺丝钉钉在电话机旁就行了。不打电话时还可以作为装饰品，看它点点滴滴落下来，虽是微不足道的小玩意，却能调剂一下现代人紧张的生活。

担心电话费支出的人很多，卡尔森的新沙漏可以有效地控制通话时间，售价又非常便宜。因此一上市，销路就很不错，平均每个月能售出3万个。这项创新使原本没有前途的沙漏转瞬间成为对生活有益的用品，销量成倍地增加，面临倒闭的小作坊很快变成一个大企业。卡尔森也从一个即将破产的小业主摇身一变，成了腰缠亿贯的富豪。卡尔森成功了，赚了大钱，而且是轻轻松松，没费多大力气。可是如果他不是一个心态积极的人，如果他在暂时的困难面前一蹶不振，那么他就不可能东山再起，成为富豪。

可见，决定一个人成功的因素不只是他的能力，还要看他是否能够始终乐观地看待自己周围的事物，看他在身处逆境时是否依然能够积极乐观地寻找改变逆境的办法。

一位成功学专家说过，你不可以改变一件已经变糟的事情，但你可以选择快乐地对待它，这样，无论你遭遇什么，你都能够在其中发现乐趣。

如果你不满意自己的现状，想力求改变它，那么首先应该改变的是你自己，如果你有了积极的心态，能够积极乐观地改善自己的环境和命运，那么你周围所有的问题都会迎刃而解。

在心灵播下快乐的种子

当生活像一首歌那样轻快流畅时，笑逐颜开乃易事；而在一切事都不妙时，仍微笑的人，是真正的乐观。

——威尔科克斯

布雷丝说过，真正的快乐是内在的，它只有在人类的心灵里才能被发现。人是自己心灵的主宰，把负面的情绪从心中扫去，把快乐的阳光迎进来，这样的人生才会有美好的色彩。

快乐之根就在我们身上，快乐的秘密就在我们心中，每个人都可以通过改变自己的思想来改变自己的生活。

玛丽的生活一直非常忙乱，在亚利桑那大学学风琴，在城里开了一间语言学校，还在她所住的沙漠柳牧场上教音乐欣赏的课程。她参加了许多大宴小酌、舞会，还在星光下骑马。有一天早上她整个垮了，心脏病发作。"你得躺在床上静养一年。"医生对她说。医生居然没有鼓励她，让她相信她还能够健壮起来。

在床上躺一年，做一个废人，也许还会死掉。她简直吓坏了。不知道为什么她会碰到这样的事情。可是她还是遵照医生的话躺在床上。她的一个邻居鲁道夫先生，是个艺术家。他对玛丽说："你现在觉得要在床上躺一年是一大悲剧，可是事实上不会的。你在思想上的成长，会比你这大半辈子以来多得多。"她平静了下来，开始想充实新的价值观念。她看过很多能启发人思想的书。有一天她听到一个无线电新闻评论员说："你只能谈你知道的事情。"这一类的话她以前不知道听过多少次，可是现在才真正深入到她的心里。她决心只想那些她能赖以生活的事情——快乐而健康的事情。每天早上一起来，她就强迫自己想一些她应该感激涕零的事情：她没有痛苦，有一个很可爱的小女儿。她的眼睛看得见，耳朵听得到收音机里播着的优美音乐，有时间看书，吃得很好，有很好的朋友。她非常高兴，每天来看她的人多到使医生挂上一个牌子说，她房里每次只许有一个探病的客人，而且只许在某几个钟点里。

从那时候开始，她过着丰富又很幸福的生活。她非常感激能在床上度过那一年，那是她在亚利桑那州所度过的最有价值、也是最快乐的一年。她现在还保持着当年养成的那种每天早上算算自己有多少得意事的习惯，这是她最珍贵的财产。她觉得很惭愧，因为一直到她担心自己会死去之前，才真正学会怎样生活。

玛丽所学到的这一课正是撒姆耳·约翰博士在200多年前所学到的。"养成快乐的习惯，比每年赚10万英镑更值钱。"

除了要养成乐观的习惯之外，我们还应当学会用积极的情绪来代替消极的情绪。心灵上的"杂草"要以"庄稼"来覆盖，那什么是这种庄稼呢？那就是快乐。著名音乐家鲁宾斯坦也曾经遭遇过失败的打击，甚至他还曾经自杀过，幸好没有成功。事后，他反问自己："为什么我要结束生命？"本来人出生时就是一无所有，没有金钱，没有朋友，也没有亲人，什么都没有，就是赤裸裸地来，而再次失去这些，那又有什么好可惜的，得失本无常，何不给自己一片快乐的天空呢？

要不要快乐是自己决定的：生病时可以快乐，穷的时候可以快乐，甚至死的时候也可以快乐，自己为什么要被外在环境所主导呢？从自我追问那一刻开始，要让自己活得快乐，就算没有钱或是永远被人瞧不起，还是要保持快乐。

快乐绝对不是有钱人、聪明人、权势人的权利，也许我们很穷、也不聪明、地位更不高，但这并不妨碍我们体验"自己能拥有的快乐"。生命是乐、生活是乐、生气是乐，贫穷也是乐，一切随缘而乐，但看自己能否体验、享受任何时刻所面对的乐趣。只要你愿意，快乐唾手可得；只要你愿意，生活中任何地方、任何时间都有快乐。

人生之路不会是一路平坦，一定会有坎坷。人生低潮、不如意、有变化的时候，你也可以把它看成另一种快乐的埋藏处，有变化生活才有美丽，只要你愿意，快乐就会永远伴随你。

把消极的情绪从心中消除出去，为心灵播下快乐的种子，这样你的人生才会充满快乐。

每天送给自己一个希望

假如生活欺骗了你，不要悲伤，也不要气愤，在愁苦的日子里要心平气和，相信吧，快乐的日子总会来临。

——普希金

成功学大师拿破仑·希尔说："没有任何东西能够换取希望对于人的价值。当我们面对失败的时候，当我们面对重大灾难的时候，我们都应该将人生寄托于希望，希望能够使我们淡忘自己的痛苦，为我们汲取继续走向成功的力量。"

在一个偏僻的村落里，有一位历尽沧桑的老人。由于命运的安排，她几乎经历了一个女人所能遭遇的一切不幸。然而她却用一颗满盛着希望的心灵演绎了一个幸福美丽的人生。18岁时，她嫁给了邻村的一个生意人，可刚结婚不久，丈夫外出做生意，便一去不返。有人说他死在了响马的枪下，有人说他是病死他乡了，还有传说他被一家有钱人招了养老女婿。当时，她已经怀上了孩子。

丈夫不见踪影几年以后，村里人都劝她改嫁。没有了男人，孩子又小，这寡居生活到什么时候是个头？她没有走。她说丈夫生死不明，也许在很远的地方做了大生意，没准哪一天发了大财就回来了。她被这个念头支撑着，带着儿子顽强地生活着。她甚至把家里整理得更加井井有条。她想，假如丈夫发了大财回来，不能让他觉得家里这么窝囊寒酸。

这样过去了十几年，在她儿子 17 岁的那一年，一支部队从村里经过，她的儿子跟部队走了。儿子说，他到外面去寻找父亲。

不料儿子走后又是音信全无。有人告诉她说儿子在一次战役中战死了，她不信，一个大活人怎么能说死就死呢？她甚至想，儿子不仅没有死，而是做了军官，等打完仗，天下太平了，就会衣锦还乡。她还想，也许儿子已经娶了媳妇，给她生了孙子，回来的时候是一家子人了。

尽管儿子依然杳无音信，但这个想象给了她无穷的希望。她是一个小脚女人，不能下田种地，她就做绣花线的小生意，勤奋地奔走四乡，积累钱财。她告诉人们，她要挣些钱把房子翻盖了，等丈夫和儿子回来的时候住。

有一年她得了大病，医生已经判了她死刑，但她最后竟奇迹般地活了过来，她说，她不能死，她死了，儿子回来到哪里找家呢？

这位老人一直在村里健康地生活着，过了百岁的年龄，她依然还做着她的绣花线生意，她天天算着，她的儿子生了孙子，她的孙子也该生孩子了。这样想着的时候，她那布满皱纹与沧桑的脸上，即刻会变成绚烂多彩的花朵。

每天给自己一个希望，我们就能够充满士气地面对自己的生活，而不是将时间花费在无尽的悲哀和苦闷上，生命有限但希望无限，每天给自己一个希望，我们就能够拥有一个丰富多彩的人生。

有一位医生医术精湛，生活幸福美满，但不幸的是，在某一天，身体一向很健康的他却被诊断患有癌症。这对他可谓当头一棒。他一度情绪低落。最终他不但接受了这个事实，而且他的心态也为之一变，变得更宽容、更谦和、更懂得珍惜所拥有的一切。在勤奋工作之余，他从没有放弃与病魔搏斗。就这样，他平安度过了好几个年头。有人惊讶于他的事迹，就问他是什么神奇的力量在支撑着他。这位医生笑盈盈地答道："几乎每天早晨，我都给自己一个希望，希望我能多救治一个病人，希望我的笑容能温暖每个人。"这位医生不但医术高明，做人的境界也很崇高。

坚 韧

——在充满荆棘的道路上奋进

哈佛告诉你

挫败是成长的阶梯，困境是人生的另一所大学。一个生前没有经历过困难的人，其生命是不完整的。一个人的成长，就是经历一连串的磨难和考验的过程，迎接并克服磨难，才能拥有足够的力量和智慧。青少年要成为未来社会的强者，就应当在生活中磨炼自己坚忍的意志，把不幸和困难当成自己人生最好的教材。

在困难面前你需要重新站起来

如果我们被打败了，我们就只有从头干起。

——恩格斯

青少年在成长过程中难免会遇到挫折和困难，在困难面前跌倒是很正常的。关键是你能否重新从挫折中站起来，不被困难所击垮。能够承受一次次困难和挫折的人才能够坚持到底，取得胜利。

在一则报道中有这么一个故事：有一群登山爱好者准备征服一座海拔 6000 米的高山。于是，他们组成一个小分队扎营在海拔 2000 米的山脚等待天气好转。他们当中有些是专业性的登山运动员，体魄健壮，经验丰富。

天终于晴了，微风轻吹，队员们开始行动起来，由经验丰富的队员带领出发了。

在攀登者脚下，高山有种被驯服般的宁静，只有峰顶的冰川在阳光下闪着迷人的光辉。每个登山者都沉浸在攀登的乐趣中。他们用手提电台与基地保持着联系，不时地向遥远的家中通话，向亲人叙述他们在高山上所见的美景。

正当他们慢慢接近主峰的时候，灾难悄悄降临了。突然间，乌云翻滚，狂风肆虐，气温骤降。几个经验丰富的登山运动员知道情况不妙，要求大家全力返回。可是，由于在路上逗留时间过长，夜已慢慢逼近，按经验他们已无法下山，只能等营救人员前来。狂风怒吼而来，许多队员的衣服被风撕破，手套也脱落了……

祸不单行的是，有位队员的腿部被飞石击中，出了大量的血，伤员痛苦地呻吟着。

风越吹越大，严寒也随之降临。伤员极其痛苦地喊："我冷，我冷……"血流出后很快便结成冰。有一个登山者说："现在天色尚未全黑，让我来背他下山，或许他会有救。"

"你这样做很危险，营救人员马上会来的。"众人劝他。可是，他还是背起伤员努力向山下走去。

夜幕降临了，山上起了暴风雪，营救人员根本无法上山。第二天，营救人员发现在原处等待救援的人们紧紧挤在一起，已经僵硬了。救援人员在海拔 4000 米的地方发现伤员和背着他的人，竟然还活着。

营救人员说在这种天气下能存活下来简直是奇迹。他们分析原因后断定，他们之所以能活着，是因为他们一个晚上都没有停止过高强度的运动。

在困难面前摔倒是难免的，最关键的是你能否重新站起来，并且承受一次又一次的摔倒。即使遭受挫折、失败或迷惘，只要坚持到底，就能取得胜利。

作为电影制片人，鲍勃可谓是一帆风顺。

鲍勃若是满足于做制片人，也许他真会一帆风顺。然而，他认为，做制片人还不能充分发挥他的才能和创造性。在好莱坞，真正的荣耀属于导演。

他执导了一部片子，评论界众说纷纭，票房很低。导演鲍勃可不像制片人鲍勃那样受人欢迎了。失败接二连三地向他袭来。

一年之内，电影砸锅，朋友抛弃他，婚姻破裂。他从加利福尼亚逃到纽约，过起了隐姓埋名的生活。他疯狂地寻找新的根基，倾家荡产买下了一个套房。"我完全垮了。"他说。

他坐在纽约的套房里，陷入了冥思苦想。面对生活与事业的双重打击，他决定偃旗息鼓，他获得了安宁。

对于鲍勃和那些有成就的人来说，关键是要控制局面。但是，失败使他完全失控了。也许他没有必要控制，也许他可以改变，也许改变了会更幸福。

最后，鲍勃重新回到了洛杉矶，回到他失败的地方。他怀揣着从未有过的谦卑感回去了。一切都得重新开始，一种完全不同的自我意识支持着他。

他放下面子，从低级的工作开始干。"我得倒退3步，才能前进4步。倒退虽然痛苦，却必不可少。"

鲍勃最终还是重登好莱坞的顶峰，这一次，他既非制片人，亦非导演，而是电影公司的董事。

鲍勃知道自己是幸存者。

鲍勃现在是轻装上阵。他的价值观非常明确。也许，他会遇到更多的挫折，但他绝不低头。在他看来，成功并不在于重新当上电影公司的总裁，而在于审视自己生活的这一过程。他将这一精神旅程视为最大的成就。

看着鲍勃的精神之旅，你会明白"我完全垮了"对鲍勃来说是错误的，而对你来说，也是——错误的。

"失败了再爬起来"，看起来是一句鼓舞克服危机者最好的话，但是要真正实现起来，需要的是自我鼓励的品质和勇气。有无这种品质和勇气，直接决定了谁是一个危机者，谁是一个优势者。更为主要的是能在挫败之时看到站起来的希望！

梅西14岁的时候来到美国，因为他从7岁起就跟着裁缝师学缝纫，所以到了美国之后，很顺利地就在一家裁缝店中找到了工作。到了 18 岁时，梅西决定要成立一家属于自己的店。

于是，他和弟弟及其他合伙人共同买下了一间礼服店，他信心十足地把所有的积蓄都投资在这里。但是，接下来发生的许多事情，却不断地考验着梅西开店的决心。

先是在即将开业的前一天晚上，小偷偷走了将近 8 万美元的存货；接下来他再度进的货，又在一场意外的大火中付之一炬。

后来，他才发现保险经纪人欺骗了他，根本没有把他支付的保险费支票交给保险公司，所以这场火灾等于没有保险。

更惨的是，可以证明公司存货内容和价值的一位重要证人，却正好在这个时候去世了。

接二连三的打击实在让梅西受够了，他决定到别的裁缝店工作。但是，过了没多久，他渴望拥有自己事业的欲望又开始蠢蠢欲动了起来。

于是，他再度鼓起勇气，开了一家裁缝兼礼服出租店。这一次，他决定多采纳别人的意见，但在大方向上他依然坚持自己做决定。因为，他始终相信：如果因此跌倒了，是自己的选择；如果站了起来，那也是靠自己站起来的。

因为梅西坚持着这个信念，所以不久之后，他的"法兰克礼服出租店"终于成为底特律的知名店铺。

梅西的经历告诉我们，当人生出现挫折和困难时，只要我们坚定成功的信念，不被失败击垮，那么最后等待我们的必将是成功。

所以，不管遭遇什么危险，切勿心生怯意，意图逃脱。鼓起勇气面对现实，就会扭转乾坤，转危为安。

为成功付出耐心

耐心是一切聪明才智的基础。

——柏拉图

耐心可以创造奇迹。荀子曾在《劝学篇》中写道："锲而舍之，朽木不折；锲而不舍，金石可镂。"这句话告诉我们无论困难多么大，只要我们有坚忍不拔、锲而不舍的精神，就能够战胜困难，创造奇迹。

多年以前，美国曾有一家报纸刊登了一则园艺所重金征求纯白金盏花的启事，在当地引起一时轰动。高额的奖金让许多人趋之若鹜，但在千姿百态的自然界中，金盏花除了金色的就是棕色的，能培植出白色的，不是一件易事。所以许多人一阵热血沸腾之后，就把那则启事抛到九霄云外去了。

一晃就是20年，一天，那家园艺所意外地收到了一封热情的应征信和一粒纯白色金盏花的种子。当天，这件事就不胫而走，引起轩然大波。

寄种子的原来是一个年已古稀的老人。老人是一个地地道道的爱花人，当她20年前偶然看到那则启事后，便怦然心动。她不顾8个儿女的一致反对，义无反顾地干了下去。她撒下了一些最普通的种子，精心侍弄。一年之后，金盏花开了，她从那些金色的、棕色的花中挑选了一朵颜色最淡的，任其自然枯萎，以取得最好的种子。次年，她又把它种下去。然后，再从这些花中挑选出颜色更淡的花的种子栽种……年复一年。终于，20年后的一天，她在那片花园中看到一朵金盏花，它不是近乎白色，也并非类似白色，而是如银如雪的白。一个连专家都解决不了的问题，在一个不懂遗传学的老人手中迎刃而解，这不是一个只有靠耐心才能创造的奇迹吗？

17世纪，在荷兰和德尔夫特镇，有一个只有初中文化程度的青年农民。他找到的差事就是为镇政府守大门，而且在这个门卫岗位上一干就是60多年，一生中足不出小镇，也没有换过其他的工作。

这位青年业余时间一不下棋打牌，二不去泡酒馆聊天，而是选择了打磨镜片。虽然又费时又费工，可他却乐此不疲。就这样不停地磨呀磨呀，一直磨了60年。其中的艰辛、枯燥和乏味是可想而知的，如果没有决心和毅力，坚持下去谈何容易。

由于他的专注细致和锲而不舍，磨出的复合镜片的放大倍数超过了当地的专业技师。凭借自己研磨的镜片，他研制出了显微镜，终于揭开了当时科技尚未知晓的微生物世界的"面纱"。结果名声大振，英国皇家学会聘他为会员。英国女王访问荷兰时，还专程到小镇拜访过他。

创造这个奇迹的是谁呢？他就是荷兰著名科学家万·列文虎克。

著名的数学家华罗庚先生说过："科学上没有平坦的大道，真理的长河中有无数礁石险滩。只有不畏攀登的采药者，只有不怕巨浪的弄潮儿，才能登上高峰采得仙草，深入水底觅得骊珠。"一个人要取得成功，除了要有勇气有胆魄之外，还需要锲而不舍的耐心和毅力。

维勒是一位著名的推销大师，一生曾创造了无数个销售上的奇迹。因为年龄大了，即将告别自己的职业生涯，应人们的邀请，他将做一场演说。

演说在市中心的一个体育场内进行。这天，会场上座无虚席，人们在热切地、焦急地等待着。大幕徐徐拉开，舞台的正中央吊着一个巨大的铁球。为了支起这个铁球，台上搭起了高大的铁架。维勒在热烈的掌声中走了出来，站在铁架的一边。他穿着一件红色的运动服，脚下是一双白色胶鞋。

这时，两位工作人员抬来一个大铁锤，放在维勒的面前。主持人邀请两位身体强壮的听众到台上来，维勒请他们用大铁锤去敲打那个吊着的铁球，直到使它荡起来。

年轻人抡起大锤奋力向那吊着的铁球砸去，一声震耳的响声后，吊球动也没动。他们用大铁锤接二连三地砸向吊球，很快就气喘吁吁，可还是未能将铁球打动。

会场寂静无声，这时，维勒从上衣口袋里掏出一个小锤，然后开始认真地面对着那个巨大的铁球敲打。他用小锤对着铁球"咚"地敲了一下，然后停顿一下，再用小锤敲一下。人们奇怪地看着，维勒"咚"地敲一下，然后停顿一下，就这样持续地敲着。

10分钟过去了，20分钟过去了，30分钟过去了，会场早已开始骚动。维勒仍然一锤一停地敲着，仿佛根本没有看见人们的反应。许多人愤然离去，会场上到处是空着的座位。

40分钟后，坐在前排的人突然叫道："球动了！"

　　霎时间，会场又变得鸦雀无声，人们聚精会神地看着那个大铁球。那个球以很小的幅度摆动了起来，不仔细看很难察觉。维勒仍旧一小锤一小锤地敲着，人们

默默地听着那小锤敲打大铁球的声响。

　　铁球在大师一锤一锤的敲打中越荡越高，它拉动着那个铁架子"哐哐"作响，它的巨大威力强烈地震撼着在场的每一个人。年轻人用大锤也没有打动的铁球，在维勒小锤的敲打中却剧烈地摆荡起来，终于，场上爆发出一阵阵热烈的掌声。

　　这个故事是一个有关耐心的奇迹。它告诉我们，无论目标和梦想有多么遥远，只要我们不懈怠，不放弃，充满耐心地走下去，困难总会被我们征服，我们的梦想也总会有实现的那一天。

有一个孩子想不明白自己的同桌为什么每次都能考第一，而自己每次却只能排在他的后面。

回家后他问道："妈妈，我是不是比别人笨？我觉得我和他一样听老师的话，一样认真地做作业，可是，为什么我总落后于他？"母亲听了儿子的话，感觉到儿子开始有自尊心了，而这种自尊心正在被学校的排名伤害着。她望着儿子，没有回答，因为她不知该怎样回答。

又一次考试后，孩子考了第二十名，而他的同桌还是第一名。回家后，儿子又问了同样的问题。她真想说，人的智力确实有高低之分，考第一的人，脑子就是比一般人的灵。然而这样的回答，难道是孩子真想知道的答案吗？她庆幸自己没说出口。

应该怎样回答儿子的问题呢？有几次，她真想重复那几句被上万个父母重复了上万次的话——你太贪玩了；你在学习上还不够勤奋；和别人比起来你还不够努力……以此来搪塞儿子。然而，像她儿子这样脑袋不够聪明、在班上成绩不甚突出的孩子，平时活得还不够辛苦吗？所以她没有那么做，她想为儿子的问题找到一个完美的答案。

儿子小学毕业了，虽然他比过去更加刻苦，但依然没赶上他的同桌，不过与过去相比，他的成绩一直在提高。为了对儿子的进步表示赞赏，她带他去看了一次大海。就是在这次旅行中，这位母亲回答了儿子的问题。

母亲和儿子坐在沙滩上，她指着海面对儿子说："你看那些在海边争食的鸟儿，当海浪打来的时候，小灰雀总能迅速地起飞，它们拍打两三下翅膀就升入了天空；而海鸥总显得非常笨拙，它们从沙滩飞向天空总要很长时间，然而，真正能飞越大海横过大洋的还是它们。"

人的成长是一个漫长的较量，能否取得最后的胜利，不在于一时的快慢。如果你能够在自己成长的道路上静下心来，遇到困难不气馁，不灰心，矢志不移地前进，那么最终你必将获得最后的胜利。

成功既非一蹴而就，也非遥不可及。我们要实现自己的人生理想，就需要把自己的理想分成一个个可以实现的短期目标，一个个地去实现。罗马不是一天建成的。既然一天建不成辉煌的罗马，我们就应当专注于建造罗马的每一天。这样，把每一天连起来，终将会建成一个美丽辉煌的罗马。

坚持到底，永不放弃

要从容地着手做一件事，但一旦开始，就要坚持到底。

——比阿斯

世界首富比尔·盖茨认为，巨大的成功靠的不是力量而是韧性。如今社会的竞争常常是持久力的竞争，有恒心、有毅力的人往往能够成为笑到最后、笑得最好的人，对于青少年来讲，恒心和毅力是成功的必要条件，半途而废，浅尝辄止，那么梦想永远只能是梦想。

1864 年 9 月 3 日这天，寂静的斯德哥尔摩市郊，突然爆发出一声震耳欲聋的巨响，滚滚的浓烟霎时冲上天空，一股股火焰直往上蹿。仅仅几分钟时间，一场惨祸发生了。当惊恐的人们赶到现场时，只见原来屹立在这里的一座工厂只剩下残垣断壁，火场旁边，站着一位30多岁的年轻人，突如其来的惨祸和过分的刺激，已使他面无血色，浑身颤抖着……

这个大难不死的青年，就是后来闻名于世的阿尔弗雷德·诺贝尔。诺贝尔眼睁睁地看着自己所创建的硝化甘油炸药实验工厂化为了灰烬。人们从瓦砾中找出了5具尸体，4人是他的亲密助手，而另一个是他在大学读书的小弟弟。5具烧得焦烂的尸体，令人惨不忍睹。诺贝尔的母亲得知小儿子惨死的噩耗，悲痛欲绝；年迈的父亲因大受刺激而引起脑出血，从此半身瘫痪。然而，诺贝尔在失败面前却没有动摇。

事情发生后，警察局立即封锁了爆炸现场，并严禁诺贝尔重建自己的工厂。人们像躲避瘟神一样地避开他，再也没有人愿意出租土地让他进行如此危险的实验。但是，困境并没有使诺贝尔退缩，几天以后，人们发现在远离市区的马拉仑湖上，出现了一只巨大的平底驳船，驳船上并没有装什么货物，而是装满了各种设备，一个年轻人正全神贯注地进行实验。毋庸置疑，他就是在爆炸中死里逃生、被当地居民赶走了的诺贝尔！

无畏的勇气往往令死神也望而却步。在令人心惊胆战的实验中，诺贝尔持之以恒地行动着，他从没放弃过自己的梦想。

皇天不负有心人，他终于发明了雷管。雷管的发明是爆炸学上的一项重大突破，随着当时许多欧洲国家工业化进程的加快，开矿山、修铁路、凿隧道、挖运河等都需要炸药。于是，人们又开始亲近诺贝尔了。他把实验室从船上搬迁到斯德哥尔摩附近的温尔维特，正式建立了第一座硝化甘油工厂。接着，他又在德国的汉堡等地建立了炸药公司。一时间，诺贝尔的炸药成了抢手货，诺贝尔的财富与日俱增。

然而，初试成功的诺贝尔，好像总是与灾难相伴。不幸的消息接连不断地传来，在旧金山，运载炸药的火车因震荡发生爆炸，火车被炸得七零八落；德国一家著名工厂因搬运硝化甘油时发生碰撞而爆炸，整个工厂和附近的民房变成了一片废墟；在巴拿马，一艘满载着硝化甘油的轮船，在大西洋的航行途中，因颠簸引起爆炸，轮船葬身大海……

一连串骇人听闻的消息，再次使人们对诺贝尔望而生畏，甚至把他当成瘟神和灾星。随着消息的广泛传播，他被全世界的人所诅咒。

诺贝尔又一次被人们抛弃了，不，应该说是全世界的人都把自己应该承担的那份灾难给了他一个人。面对接踵而至的灾难和困境，诺贝尔没有一蹶不振，他身上所具有的毅力和恒心，使他对已选定的目标义无反顾，永不退缩。在奋斗的路上，他已经习惯了与死神朝夕相伴。

大无畏的勇气和矢志不渝的恒心激发了他心中的潜能，他最终征服了炸药，吓退了死神。诺贝尔赢得了巨大的成功，他一生共获专利发明权 355 项。他用自己的巨额财富创立的诺贝尔奖，被国际学术界视为一种崇高的荣誉。

诺贝尔成功的经历告诉我们，恒心是实现目标过程中必不可少的条件，一个人的恒心和内心的梦想结合以后，就会产生百折不挠的巨大力量。很多人的失败并不是因为自己能力不济，而是败在自己意志力不强上。很多情况下，成功与失败只是一步之遥。

美国淘金热时，杰克的叔叔也在西部买到了一块矿地。辛苦几周后，他发现了闪闪发光的金矿，但他需要用机器把矿藏弄到地面上来。他很镇静地把矿坑掩埋起来，除掉自己的脚印，火速赶回老家，把找到金矿的消息告诉亲戚和邻居。大家凑了一笔钱，买来所需的机器，托人代送。然后，叔叔和杰克也动身回到矿区。

第一车金矿挖出来了，送到一处冶金工厂，结果证明他们已经挖到了科罗拉州最富的一个矿源。只要挖出几车金矿，就可以偿还所有债务，然后大赚特赚。

叔叔和杰克高高兴兴地下坑工作，带着无限的希望出坑来。但在这时，发生了他们意想不到的事，金矿的矿脉竟然不见了。他们已走到彩虹的末端，黄金没有了。他们继续挖下去，焦急地想要挖出矿脉来，但毫无收获。最后他们放弃了。然而根据一位工程师的计算，只要从杰克和他叔叔停止挖掘的地点再往前挖90厘米，就能找到金矿。

果然，后来有人在工程师所说的那个地方找到了金矿。

请工程师的人是一位售货员，他把从矿坑中挖出来的金矿出售，获得了几百万美元。他之所以能够发财，主要是因为他懂得寻找专家协助，而不轻易放弃。

这件事过了很久之后，杰克同样获得了成功，赚了超过他损失金钱的数倍。这是他在从事推销人寿保险以后取得的。

杰克没有忘记在距离金矿 1 米远的地方停下，而损失了一大笔财富的事，所以现在他吸取了这个教训。他说："我在距离金矿 1 米远的地方停下来，如今，在我向人们推销人寿保险的时候，绝不因为对方说'不'就停下来。"

杰克后来成为一位每年推销 100 万美元以上人寿保险的优秀推销员。他锲而不舍的精神，应归功于挖矿时轻易放弃的教训。

无论做什么，轻易放弃是不会取得成功的。有时候，多坚持一会儿就会有奇迹出现，多坚持一会儿就能够反败为胜。

当事情愈来愈困难时，当失败如同排山倒海般地压过来时，大多数人会放手离开，只有意志坚强的人才能够坚持到底，不轻易言败。而最后的胜利，也往往属于这些意志坚强的人。

5

勇 敢

——战胜自己，才能战胜别人

哈佛告诉你 ♪ ···

　　成功者与失败者之间的分水岭，有时并不存在天地之间的差距，而在于一点小小的勇气。如果你内心充满勇气，那么没有什么东西可以阻碍你走向成功。青少年在成长的过程中要勇于尝试，敢于挑战自己，勇敢地面对生活中的变化，只有积极勇敢地去拥抱和适应生活中的变化，才能够在变化中成长。

推开虚掩的成功之门

　　勇敢的人面前才有路。

——有岛武郎

　　犹太谚语说："要打开成功之门，必须勇敢地推或者拉。"成功就好比是一扇虚掩着的门，只要我们鼓起勇气，勇敢去尝试，就一定能够获得意外的收获。

在古代波斯（今伊朗）有位国王，想挑选一名官员担当一个重要的职务。他把那些智勇双全的官员全都召集了来，试试他们之中究竟谁能胜任。

官员们被国王领到一座大门前，面对这座国内最大、来人中谁也没有见过的大门，国王说："爱卿们，现在，你们已经看到，这是我国最大最重的大门，可是一直没有被打开过。你们之中谁能打开这座大门，帮我解决这个久久没能解决的难题？"不少官员远远张望了一下大门，就连连摇头。有几位走近大门看了看，退了回去，没敢去试着开门。另一些官员也都纷纷表示，没有办法开门。这时，有一名官员却走到大门下，先仔细观察了一番，又用手四处探摸，用各种方法试探开门。几经试探之后，他抓起一根沉重的铁链，没怎么用力拉，大门竟然开了！

原来，这座看似非常坚牢的大门，并没有真正关上，任何一个人只要仔细察看一下，并有胆量试一试，比如拉一下看似沉重的铁链，甚至不必用多大力气推一下大门，都可以打得开。如果连摸也不摸，连看也不看，自然会对这座貌似坚固无比的庞然大物感到束手无策了。

国王对打开了大门的大臣说："朝廷最重要的职务，就请你担任吧！因为你没有限于你所见到的和听到的，在别人感到无能为力时你却会想到仔细观察，并有勇气冒险试一试。"他又对众官员说："其实，对于任何貌似难以解决的问题，都需要开动脑筋仔细观察，并大胆冒一下险，大胆地试一试。"

那些没有勇气试一试的官员们，一个个都低下了头。

也许，生活当中并不缺少成功的机会，只是我们像故事中的大臣们一样，陷进了固定思维的圈圈之中，不能自拔。思维的框定让人容易产生怯懦的心理，无法焕发勇气，最终流于平庸。成功者与失败者之间的分水岭，有时并不在于他们之间有天地之间的差距，而在于一点小小的勇气。当我们超越众人禁锢得有些麻木的思想，勇敢地迈出那一步时，我们会惊喜地发现，原来成功的门对我们从不上锁。

英国皇家学会要为大名鼎鼎的琼斯教授选拔科研助手，这个消息让年轻的装订工人法拉第激动不已，赶忙到规定地点去报了名。但临近选拔考试的前一天，法拉第却被意外地告知，取消了他的考试资格，因为他是一个普通工人。

法拉第愣了，他气愤地赶到选拔委员会去理论，但委员们傲慢地嘲笑说："没有办法，一个普通的装订工人想到皇家学院来，除非你能得到琼斯教授的同意！"法拉第犹豫了。如果不能见到琼斯教授，自己就没有机会参加选拔考试。但一个普通的书籍装订工人要想拜见大名鼎鼎的皇家学院教授，他会理睬吗？

法拉第顾虑重重，但为了自己的人生梦想，他还是鼓足了勇气站到了琼斯教授家的大门口。教授家的门紧闭着，法拉第在门前徘徊了很久。

终于，教授家的大门，被一颗胆怯的心叩响了。

院里没有声响，当法拉第准备第二次叩门的时候，门却"吱呀"一声开了。一位面色红润、须发皆白、精神矍铄的老者正注视着法拉第，"门没有锁，请你进来。"老者微笑着对法拉第说。

"教授家的大门整天都不锁吗？"法拉第疑惑地问。

"为什么要锁上呢？"老者笑着说，"当你把别人关在门外的时候，也就把自己关在了屋里。我才不当这样的傻瓜呢！"这位老者就是琼斯教授。他将法拉第带到屋里坐下，聆听了这个年轻人的叙说后，写了一张纸条递给法拉第："年轻人，你带着这张纸条去，告诉委员会的那帮人说我已经同意了。"

经过严格而激烈的选拔考试，书籍装订工法拉第出人意料地成了琼斯教授的科研助手，走进了英国皇家学院那高贵而华美的大门。

　　恐惧是每个人在自己的成长过程中都会遇到的，它常常会限制一个人的自主性，减少生活的欢乐，妨碍个人的成长。因此，一个心理健全的青年应当摆脱恐惧的枷锁，以年轻人应有的血气和胆量去面对任何艰难危险的事情，努力去做好自己想要做的事。

　　1968 年，在墨西哥奥运会的百米赛场上，美国选手海恩斯撞线后，激动地看着运动场上的计时牌。当指示器打出 9.95 秒的字样时，他摊开双手，自言自语了一句话。

　　后来，有一位叫戴维的记者在回放当年的赛场实况时再次看到海恩斯撞线的镜头，这是人类历史上第一次在百米赛道上突破10 秒大关。看到自己破纪录的那一瞬，海恩斯一定说了一句不同凡响的话，但这一新闻点，竟被现场的 400 多名记者疏忽了。

因此，戴维决定采访海恩斯，问问他当时到底说了一句什么话。

戴维很快找到海恩斯，问起当年的情景，海恩斯竟然毫无印象，甚至否认当时说过什么话。

戴维说："你确实说了，有录像带为证。"

海恩斯看完戴维带去的录像带，笑了。他说："难道你没听见吗？我说：'那扇门原来是虚掩的。'"

谜底揭开后，戴维对海恩斯进行了深入采访。

自从欧文斯创造了 10.3 秒的成绩后，曾有一位医学家断言，人类的肌肉纤维所承载的运动极限，不会超过每秒 10 米。

海恩斯说："30 年来，这一说法在田径场上非常流行，我也以为这是真理。但是，我想，自己至少应该跑出 10.1 秒的成绩。每天，我以最快的速度跑 5 千米，我知道百米冠军不是在百米赛道上练出来的。当我在墨西哥奥运会上看到自己 9.9 秒的记录后，惊呆了。原来，10 秒这个门不是紧锁的，而是虚掩的，就像终点那根横着的绳子一样。"

后来，戴维撰写了一篇报道，填补了墨西哥奥运会留下的一个空白。不过，人们认为它的意义不限于此，海恩斯的那句话，为我们留下的启迪更为重要。

如果一个人内心充满勇气，那么没有什么东西可以阻碍他走向成功。像法拉第一样，像海恩斯一样，勇敢地打破内心的限制，积极地去尝试，你就能够战胜恐惧走向成功。

挑战生命中的"不可能"

只有在愚蠢人的字典里才有"不可能"这个词。

——拿破仑·波拿巴

史密斯夫人是英国一座乡村中学的文学教师，她性情活泼、和蔼可亲，深受学生爱戴。

有一天，她为学生们带来了别开生面的一节课。她让学生们在纸上写出自己不能做到的事。所有的学生都全神贯注地埋头在纸上写着。一个10岁的女孩，她在纸上写道"我无法完整地背出太长的课文""我不会骑脚踏车""我不知道怎样才能让别人喜欢我"等。她已经写完了半张纸，但她却丝毫没有停下来的意思，仍然在认真地继续写着。

每个学生都很认真地在纸上写下了一些句子，述说着他们做不到的事情。

史密斯夫人也正忙着在纸上写着她不能做到的事情，像"我不知道如何才能让孩子的家长都来""我不知道怎样帮助玛丽提高她对数学的兴趣"等。

大约过了10分钟，大部分学生已经写满了一整张纸，有的已经开始写第二张了。

"同学们，写完一张纸就行了，不要再写了。"这时，史密斯夫人用她那惯有的语调宣布了这项活动的结束。学生们按照她的指示，把写满了他们认为自己做不到的事情的纸对折好，然后按顺序依次来到老师的讲台前，把纸投进一个空的鞋盒里。

等所有学生的纸都投完以后，史密斯夫人把自己的纸也投了进去。然后，她把盒子盖上，夹在腋下，领着学生走出教室，沿着走廊向前走。

走着走着，队伍停了下来。史密斯夫人走进杂物室，找了一把铁锹。然后，她一只手拿着鞋盒，另一只手拿着铁锹，带着大家来到运动场最边远的角落里，开始挖起坑来。

学生们你一锹我一锹地轮流挖着，10分钟后，一个1米深的洞就挖好了。他们把盒子放进去，然后用泥土把盒子完全覆盖上。这样，每个人的所有"不能做到"的事情就都被深深地埋在了这个"墓穴"里，埋在了1米深的泥土下面。

这时，史密斯夫人注视着围绕在这块小小的"墓地"周围的31个10多岁的孩子们，神情严肃地说："孩子们，现在请你们手拉着手，低下头，我们准备默哀。"

学生们很快地互相拉着手，在"墓地"周围围成了一个圆圈，然后都低下头来静静地等待着。

"朋友们，今天我很荣幸能够邀请到你们前来参加'我不能'先生的葬礼。"史密斯夫人庄重地念着悼词，"'我不能'先生在世的时候，曾经与我们的生命朝夕相处，您影响着、改变着我们每一个人的生活，有时甚至比任何人对我们的影响都要深得多。您的名字几乎每天都要出现在各种场合。当然，这对于我们来说是非常不幸的。

"现在，我们已经把您安葬在了这里，并且为您立下了墓碑，刻上了墓志铭，希望您能够安息。同时，我们更希望您的兄弟姊妹'我可以''我愿意'，还有'我立刻就去做'等能够继承您的事业。虽然他们不如您的名气大，没有您的影响力强，但是他们会对我们每一个人、对全世界产生更加积极的影响。愿'我不能'先生安息吧，也祝愿我们每一个人都能够振奋精神，勇往直前！阿门！'"

接下来，史密斯夫人带着学生又回到了教室。大家一起吃着饼干、爆米花，喝着果汁，庆祝他们越过了"我不能"这个心结。作为庆祝的一部分，史密斯夫人还用纸剪成一个墓碑，上面写着"我不能"，中间则写上"安息吧"，下面写着这天的日期。

史密斯夫人把这个纸墓碑挂在教室里。每当有学生无意说出："我不能……"这句话的时候，她只要指着这个象征死亡的标志，孩子们便会想起"我不能"先生已经死了，进而想积极的解决方法。

面对生活中的困境，很多人都被"不可能"这三个字困禁着，不敢正视现实中的困难和挑战，导致自身的潜能得不到充分的发挥。面对问题，我们不妨试着把自己的"我不能"埋进坟墓，以积极的心态去面对一切，这样很多困难就能迎刃而解了。

亨利·福特是美国汽车行业历史中一位了不起的人物。他于1863年7月生于美国密歇根州。他的父亲是个农夫，觉得孩子上学根本就是一种浪费。老福特认为他的儿子应该留在农场帮忙，而不是去念书。

自幼在农场工作，使福特很早便对机器产生兴趣，于是用机器去代替人力和牲畜的想法经常在他的脑中出现。

福特 12 岁的时候，已经开始构想要制造一部"能够在公路上行走的机器"。这个想法，深深地扎在他的脑海里，日日夜夜萦绕着他。

旁边的人都"劝导"福特放弃他那"奇怪的念头"，认为他的构想是不切实际的。老福特希望儿子做农场助手，但少年福特却希望成为一位机械师。他用 1 年多的时间就完成人家需要 3 年的机械师训练，从此，老福特的农场少了一位助手，但美国却多了一位伟大的工业家。

福特认为这世界上没有"不可能"这回事。他花了 2 年多的时间用蒸汽去推动他构想的机器，但行不通。后来，他在杂志上看到可以用汽油氧化之后形成燃料以代替照明煤气灯，触发了他的"创造性想象力"，此后，他全心全意投入汽油机的研究工作。

福特每一天都在梦想成功地制造一部"汽车"。他的创意被大发明家爱迪生所赏识，爱迪生邀请他当底特律爱迪生公司的工程师，让他有机会实现他的梦想。

终于，在 1892 年，福特 29 岁时，他成功地制造了第一部汽车引擎。而在 1896 年，也就是福特 33 岁的时候，世界上第一部汽车问世了。从 1908 年开始，福特致力于推广汽车，用最低廉的价格去吸引越来越多的消费者。而底特律则逐渐变成美国的大工业城，成为福特的财富之都。今日的美国，每个家庭都有 1 部以上的汽车。

世界上没有不可能，只要你敢想敢做，"不可能"也会变成

"可能"。史蒂芬·柯维说："想象力是灵魂的工厂，每个人的成就都是在这里铸造的。"想象力通常被称为灵魂的创造力，是每个人最可贵的财富。拿破仑曾经说过，"想象力统治全世界"。一个人的想象力越丰富，成功的机会就越多。思考致富的支持者股票大王贺希哈也认为成功的第一要素即想象力。不怕做不到，只怕想不到，只要你敢于想象，就能够取得成功，把"不可能"变成"能"。不怕做不到，只怕想不到，只要你敢于想象，就能够取得成功，把"不可能"变成"能"。

在行动中忘掉恐惧

勇敢产生于斗争中，勇气是在每天对困难的顽强抵抗中养成的。

——奥斯特洛夫斯基

心理学家认为，行动本身会增强信心，不行动只会带来恐惧，克服恐惧最好的办法就是行动。

行动可以让你忘掉恐惧，等待、拖延只会增加你的恐惧感。

一个伞兵教练说："跳伞本身真的很好玩。难受的是等待跳伞的一刹那。在跳伞的人各就各位时，我让他们尽快度过这段时间。曾经不止一次，有人因为幻想太多'可能发生的事'而晕倒。如果不能鼓励他们跳第二次，他们就永远当不成伞兵了。跳伞的人愈拖就愈害怕，就愈没有信心。"

行动可以治疗恐惧。有一天晚上，一个5岁的小男孩已经上床半小时了，突然放声大哭。小男孩刚才看了一部科幻片，害怕片中的绿色妖怪闯进来抓他。他父亲的做法很特别，他并不是说："不要怕，孩子。没有什么好怕的，回去睡觉吧。"反而用一种积极的做法来消除他的恐惧。他走到每一扇窗户跟前看看关好没有，最后又将一把玩具手枪放在小男孩的枕边说："小男子汉，这把手枪给你以防万一。"小家伙听了很放心，几分钟后就睡着了。

这个故事说明这样一个道理，当你发觉自己对某件事情恐惧时，你可以尝试着让自己行动起来，在行动中你就可以增强自信，消除恐惧。很多人不了解这个道理，他们应付恐惧常用的方法就是不做。推销员们就经常这样，他们经常怯场，即使最老练的推销员也难免。他们为了克服恐惧，往往在客户附近徘徊犹豫，要不然干脆找个地方一杯又一杯地喝咖啡，来培养自信与勇气，这样根本没有效果。克服任何一种恐惧最好的办法就是"立刻去做"。

行动可以让你忘却恐惧，缓解你的精神压力。忘掉自我，专心投入到你当前要做的事情上去，可以让你克服紧张情绪，保持一种泰然自若的心态。行动可以激发出一个人的勇气和潜能，即使一个弱不禁风的孩子，在危急关头被恐惧所激起的勇气也可以杀死一条凶猛的鳄鱼。

在非洲的刚果河流域，经常会有鳄鱼出现。很多人由于不小心，常常会因鳄鱼的袭击而致残，有的甚至成为鳄鱼的"美餐"。一天下午，在刚果河上，有两个男孩划着小木舟回家。他们是两兄弟，哥哥叫美林迪，弟弟叫卢蒙巴。他们是划船出来游玩的。不料玩得忘了时刻，这时见太阳已西下，才想起要赶快把这艘木舟划回家去。

两兄弟合力摇着船桨。船是约 1.3 米长、1 米宽的小木舟，是用一条圆木雕成的，只能在平静无波的小河划着玩，如果稍有震动，就会翻覆沉没。

当卢蒙巴一面划桨，一边远望着西天的夕阳时，一眼看到七八百米外的河面上正有一条鳄鱼向这边追来。

美林迪也同时发现鳄鱼追来，他喊道："鳄鱼！吃人的鳄鱼来了！"

远处水面浮出绿硬鳞甲的鳄鱼头、背，鳄鱼在水中划出大水波，很远就能听到"嘶嘶"水响。

这时，小木舟正在河中心，要划到河的岸边，至少还要半小时。船后的鳄鱼却不到几分钟就会追到，眼看他们就要变成鳄鱼的晚餐。

当他们来不及多想的顷刻之间，回头一望，只见那条大鳄鱼正张开血盆大口，游到离船尾不到 10 米的水面上。

"逃命啦！"美林迪惊慌失措，疯了似的跳到河里，潜水游向附近的河岸。

这时鳄鱼已游得更近，距离船头只有两三米远。弟弟卢蒙巴眼见美林迪跳水，他年纪小，力气更小，此刻，他只来得及想一件事："怎样才不会被鳄鱼吃掉？"

在夕阳西下之时，河两岸已杳无人迹。河边即使有人，也不一定能把这个小孩从鳄鱼嘴边救回来，现在，生死存亡全靠卢蒙巴自己了。

忽然，那条大鳄鱼纵起了它的头向船尾冲来。

说时迟，那时快，卢蒙巴也不知是从哪里来的勇气，在鳄鱼正抬头张口冲来的同时，他上前一步，站到船头上，弓着腰，纵身高高跳起，张开双臂，扑到鳄鱼的背上。

鳄鱼这时似乎有点惊慌，只知用头向船头撞去，它撞船的冲力，正好使卢蒙巴的身体在其背上一旋，旋到另一个方向。卢蒙巴趁此用双臂紧紧扼住鳄鱼的颈部，用双腿全力夹住它的背部。鳄鱼发狂般在水中挣扎，他却拼命扼紧它的咽喉不肯放松。最后，鳄鱼在河水中向前游去。他发觉鳄鱼已逐渐不再挣扎，他感觉到：自己等于是骑着鳄鱼顺水游了。

卢蒙巴的一双手臂依然紧扼鳄鱼的颈不敢放松，他知道，鳄鱼的力气太大了，他怕自己的手臂一旦被挣脱，那他就再也不能控制鳄鱼，那时一定会被鳄鱼一口吞下。

他就这样扼紧鳄鱼，在河面上向前游着。

在死亡的恐怖中，他不知这样游了多久，只见天色已暗，河水与河岸的距离究竟还有多远，也无心细看。

不久，卢蒙巴忽然发觉鳄鱼不动了，定睛一看，眼底竟是河边的沙滩。是鳄鱼要到河滩来休息吗？他不明白，也不敢多想。

他心中突然欢喜了，即使鳄鱼这时再要咬人，他也可以在陆地上飞快逃走的。因此，他就纵身跳到鳄鱼的右侧，疯狂地向前跑了几十步才停下来。

他回过头，在月光下，看到自己一路"骑"来的那条大鳄鱼，依然伏在河滩那个老地方。

他壮着胆子走近鳄鱼蹲身细看，鳄鱼双眼紧闭着，他伸手试探鳄鱼的颈部，发现鳄鱼竟已完全停止了呼吸。

他高兴极了，跑到一棵树下找来几根树藤，绑住鳄鱼的颈项，向前拖去，拖得很吃力，拖一程，休息一次，最后终于绕着小路回到自己的家。

全家人听了事情的经过，不禁目瞪口呆。

原来，当这个小男孩危在旦夕时，他在求生本能的驱使下，已经来不及害怕了，他那紧扼鳄鱼颈部的手臂就在这顷刻之间，产生一种神奇的力量。鳄鱼虽然力大而凶残，但它颈部被卢蒙巴扼得太紧，也就敌不过"无法呼吸"的致命伤。

在死亡边缘独力战胜鳄鱼的16岁小男孩卢蒙巴，顿时成为非洲报纸上的热门传奇人物。

行动可以战胜恐惧，激发勇气。面对凶残的鳄鱼，如果恐惧就会被吃掉，而勇敢地面对凶险的情况，奋起反抗，即使一个弱小的孩子，也可以战胜一条凶猛的鳄鱼。小卢蒙巴扼杀鳄鱼的故事，能为你带来什么样的启示呢？

进 取
——做自己命运的开拓者

进取心是一个人向上的动力,只有不断进取,生命的价值才能够不断地升华。进取心代表了一个人的发展方向和所能达到的人生高度。人一旦养成一种不断自我激励、始终向着更高目标前进的习惯,进取心就会成为一种强大的自我激励力量,使人生变得更加崇高。

害怕前进只能停留在原地

人生就是行动、斗争和发展,因而不可能有什么固定不变的目标,人生的欲望和追求不会停止不动。

——弗兰克·梯利

现实生活中,随处可以见到这样的人:他们一生都做着简单

平常的事情，他们似乎也因此而满足，但实际上他们完全有能力干出一些更出色、更卓越的事情。他们并不缺少能力，只是缺乏一种追求的勇气和强烈的进取心。进取心是一个人积极向上的动力，人生在世就应当努力进取，这样，生命价值才能够不断地升华。害怕前进只能让一个人停滞不前。

在美国，有一个叫加纳的孩子，他出生在一个贫穷的黑人家庭，他的成功就是一个不断进取、创造命运的传奇。加纳自幼家庭十分贫困，因此他5岁时就不得不开始劳动，8岁开始赶骡子，帮助家庭维持生计。

加纳生来勤奋听话，他有一位不平常的具有进取精神的母亲。她目睹自己家庭的生活环境，即使每日艰苦劳动，收入仅能糊口，孩子也还是没有读书的机会。她知道自己的家庭与繁荣昌盛的社会生活形成鲜明的对比，她慢慢觉得这个现实必定有什么原因。她想啊想，时常同自己的儿子讨论这个问题。

有一天，她与儿子加纳讨论说："加纳，我们不应该贫穷。我不愿意听到你说：我们的贫穷是上帝的意愿。我们的贫穷不是由于上帝的缘故，而是因为你的父亲从来就没有产生过成功的愿望。

我们家庭中的任何人都没有产生过出人头地的想法。"

母亲这番话给加纳的心灵刻下了深深的烙印：没有产生过成功的愿望，即没有进取精神，没有积极的心态，甘愿世世代代贫穷下去。加纳此时虽年纪不大，但他的心里已萌发了成功的决心，从此他时时刻刻注意怎么走上成功之路。他总是把他所需要的东西放在心中，把他不需要的东西置之不理。这样，他成功愿望的种子慢慢开始发芽、生长。

加纳为了走上成功之路，选择了经商作为自己奋斗的途径。他先从当小伙计入手，在零售百货店里当推销员。3年后，他懂得了哪些商品最畅销，哪些用户习惯买哪种商品，并与众多的顾客相识了。在这样的基础上，他决定自己经营创业，并把肥皂作为经营产品。于是，他靠自己的点滴资本，从肥皂厂购进一两箱肥皂，然后自己挨家挨户地上门推销。

在积极进取心态的支撑下，加纳不畏各种劳累和困难，一块一块地推销肥皂，一分钱一分钱地积累资金，一年365天坚持不懈地奔跑。就这样，一晃12年过去了，他家里的生活一天天改善，但他并不因此而泯灭了继续进取的积极心态，相反，他伺机获取更大的成功。后来，他获悉供应肥皂给他的那家公司由于内部原因，拟拍卖出售，售价是15万美元。加纳通过种种努力买下这家公司，最后他终于成为一个成功的商人。

加纳的成功是一个靠努力改变命运的典型例子。那么，究竟是什么力量能够不断地激励加纳，朝着自己的目标前进呢？这个推动力就是：进取心。

进取心是神秘的宇宙力量在人身上的体现，为了获得和满足这种力量，我们甚至愿意放弃舒适的生活乃至牺牲自我。我们每个人都感到一种激励，它是我们人生的支柱。

一旦我们有幸受这种伟大推动力的引导和驱使，我们就会成长、开花、结果。进取心带来的激励也存在于我们体内，它推动我们完善自我，追求完美的人生。但如果我们无视这种力量的存在，或者只是偶尔接受这种力量的引导，我们就只能使自己变得微不足道，不会取得任何成果。并且，这种向上的愿望，这种至高无上的力量，也有可能会消失。一旦染上了懒惰的习性，我们就 会停滞不前。

总是有一种神秘的力量在推动我们追求更高的理想。人类的发展就像一条永无尽头的河流，我们的进取心也是永无止境的。进取心，这种内在的推动力从不允许我们停下来，它总是激励我们为了更加美好的明天而努力。我们今天所达到的境地也许足以令人羡慕，但是我们却发现，我们今日的位置和昨日的位置一样，无法让自己完全满足。一旦我们想原地踏步，耳边就会响起那个声音，听到向更高目标努力的召唤。

人生的精彩来自梦想的精彩。人的成长就好像是一个不断攀登高峰的过程，当你攀过一座又一座人生的高山时，在不断地征服和跨越中，你就会拥有一个精彩充实的人生。

进取心代表了一个人的发展方向以及他所能达到的人生高度。可以这么说，一个人的梦想有多远，他就能够走多远。

进取心是推动一个人不断前进的强大动力。一旦养成一种不断自我激励、始终向着更高目标前进的习惯，很多不良习性就都会逐渐消失。进取心最终会成为一种伟大的自我激励力量，它会使我们的人生更加崇高。自此以后，那些不良的恶习就再也没有滋生的环境和土壤了。在一个人的个性品质中，只有那些经常受到鼓励和培育的品质才会不断发展。因此，根除恶习的最佳方式就是铲除它们赖以生存的土壤。

如果我们的身体和精神土壤得不到足够的照料和滋养，那么追求上进和完美的种子就无法生长，反而会使野草、荆棘和有毒的东西繁殖蔓延。只要我们心中具备哪怕只是一种最微弱的进取心，经过我们耐心的培育和扶植，它也会像天堂里的一颗种子，茁壮成长，直至开花、结果。

欲望是开拓命运的力量

一个人追求的目标越高，他的能力就发展得越快，对社会就越有益。

——高尔基

对成功的强烈渴望是一个人不断进取的精神动力。这种对成功的渴望可以时刻把我们的行动和心中的目标联系在一起。拿破仑·希尔认为，支撑人类生存和发展的一个重要因素就是欲望。只有那些拥有欲望的人，才会产生不断奋斗的勇气和决心。

松下幸之助曾经这样说："如果你想成功，那么不管做什么事，最重要的就是要有想去完成那件事的强烈欲望。如果心里一直想着不完成它绝不罢休，那么事情可以说是已成功了一半。有了这种积极的成功欲望，一定能想出完成这件事的手段或方法来。"

这段话道出了一个亘古不变的成功法则：对成功的渴望从来都是推动人们成就事业的巨大力量。

然而，仅仅拥有一般的欲望是不够的，要成功就必须拥有和保持强烈的成功欲望。

成功学大师安东尼·罗宾曾问过这样一个问题：

如果你是一个业务员，那么，对你来说是赚 1 万元容易，还是赚 100 万元容易呢？

他给出的答案是：赚 100 万元比赚 1 万元更容易。

为什么呢？因为倘若你的财富目标只是赚 1 万元，那么你的打算不过是仅仅能够糊口就成了。假使这就是你的财富目标与你工作的原因，那么请问：你自己工作的时候还会兴奋有劲吗？你还会热情洋溢吗？

历史和现实都可以证明，信心与欲望的力量可以将人从卑下的社会底层提升到上层社会，使穷汉变成富翁，使失败者重整雄风，使残疾人享有健康……欲望的力量就在于，使人在强烈的冲动下，把那些不可能的事变成可能，把"自己不行"的卑微感彻底抛开，昂首阔步地走向成功。尤其是在改变经济状况的活动中，欲望越强烈，成功的可能性就越大，离成功的目标也就越近。

1873 年，当巴恩斯从新泽西州的奥伦芝的货运列车上爬下来时，他的外表也许像一名无业游民，但是他却具有国王一样的雄心。

他通过铁路走向爱迪生办公室的途中，他想象自己站在爱迪生的面前，听见自己要求爱迪生给他一个机会，以实现他一生着了迷似的炽烈欲望——要做这位伟大发明家的商业伙伴。

巴恩斯的欲望并不只是一个希望，不是一种祈求，而是一种强烈跳跃的欲望。它凌驾于一切之上，它是明确的。

数年之后，巴恩斯再度站在爱迪生的面前，站在与爱迪生初次会面时的同一间办公室里，这一次他的欲望已经转变为事实：他和爱迪生成为合作伙伴了，支持他一生的理想终于实现了。

巴恩斯的成功，是因为他具有强烈的成功欲望，选定了一个明确的目标，并以他的全部精力、全部的意志力以及他的一切，去奔向这个目标。

这是一个由明确欲望产生力量的证明：巴恩斯达到了目标，是因为他什么都不要，只要做爱迪生的合作伙伴，他构想出一套计划，借此达到了目的。他破釜沉舟地坚持着他的欲望，直到这欲望变成了事实为止。

前往奥伦芝时，他没有对自己说："我要劝说爱迪生随便给我一个工作。"他想的是："我要见爱迪生，并且告诉他，我来是要做他事业上的伙伴的。"他也没有想："我要睁大眼睛注视着另一个机会，以防在爱迪生的企业中得不到我所要的工作。"他只告诉自己："在这个世界中只有一样东西是我决心要得到的，那便是和爱迪生在事业上合作。我要把我的整个前途投注在我的能力上，去获得我所要的东西。"他不给自己留下一点点后路。他必须成功，否则便是毁灭。

这就是巴恩斯成功的全部方法。

卡耐基说：欲望是开拓命运的力量，有了强烈的欲望，就容易成功。成功是努力的结果，而努力又大都产生于强烈的欲望。正因为这样，强烈的成功欲望，便成了取得成功最基本的条件。如果你不想拥有平庸和失败的人生，就要有进取心和向上的欲望，并让这种欲望时时刻刻鞭策你、激励你，向着目标坚持不懈地前进。许多成功者都有一个共同的体会，那就是对成功的渴望和持续不断的努力是取得成功的关键。

20 世纪心理学上的一项重大发现就是认识到思想能够控制行动。你怎样思考，你就会怎样去行动。你要是强烈渴望成功，你就会调动自己的一切能量去追求成功，使自己的一切行动、情感、个性、才能与成功的欲望相吻合。对于一些与成功的欲望相冲突、相矛盾的东西，你会竭尽全力去克服、消除；对于有助于成功的东西，你会竭尽全力地去扶植、扩大。这样，经过长期的努力和调节，你便会成为一个你所渴望的成功者，使成功的欲望变成现实。相反，你要是创富的欲望不强烈，一遇到少许挫折，便会偃旗息鼓，失掉进取心，将成功的欲望淡化或压抑下去。

每天都是一个新起点

我们的一切追求和作为都是一个令人厌倦的过程，做一个不识厌倦为何物的人就好。

——歌德

有一天，池沼向从自己身边奔流而过的河流问道："你整天川流不息，一定累得要命吧！你一会儿背着沉重的大船，一会儿负着长长的水筏，从我眼前奔流而过。小船小划子更不用说了，它们多得没有个穷尽。你什么时候才能抛弃这种无聊的生活呢？像我这样安安逸逸地生活，你找得到吗？我是一个幸福的闲人，舒舒服服、悠悠闲闲地荡漾在柔和的泥岸之间，好比高贵的太太们窝在沙发的靠枕里一样。大船小船也罢，漂来的木头也罢，我这儿可没有这些无谓的纷扰；甚至小划子有多重我都不知道，至多偶尔有几片落叶漂浮在我的胸膛上，那是微风把它们送来和我一起休息的。一切风暴有树林挡住，一切烦恼我也沾染不上，我的命运是再好不过的了。周围的尘世不断地忙忙碌碌，我却躺在哲学的梦里养神休息。"

"哲学家，你既然懂得道理，可别忘了这条法则，"河流回答，"水只有流动才能保持新鲜。我之所以成就了伟大壮阔，就是因为我不躺在那儿做梦，而是川流不息。我的源源不绝的水，又多又清的水，年复一年地给人们带来了幸福，为我赢得了光荣的名誉，或许我还要世世代代地川流不息下去。那时候，你的名字就不会有人知道了。"

多年以后，河流的话果然应验了，壮丽的河仍旧川流不息，池沼却一年浅过一年。池沼的表面浮着一层黏液，芦苇生出来了，而且生长得很快，池沼终于干涸了。

这个故事告诉我们这样一个道理：水只有在流动中才能够保持新鲜，人只有在不断进取的状态下才能够永葆生命的活力。既然生命不息，那就应该不断进取，超越自我。

在日常生活中，我们都有这样的感觉：好像每天都在做同样的事情。今天是昨天的重复，明天又是今天的翻版，既单调又平凡。

但如果每天只是这样翻来覆去地延续，人生就毫无希望、毫无意义了。日本著名企业家松下幸之助先生认为，倘若希望实现繁荣、和平与幸福，生活不应是单调的反复。今天应该比昨天进一步，明天则比今天进一步，也就是每天要有生成发展。那么生成发展到底是什么？对人生的意义又在何处？

按松下幸之助的理解，所谓生成发展，就是日新月异，每一刹那都是新的人生，每一刹那都有新的生命在跃动。这就是旧的东西灭亡，新的东西诞生的历程。世间的一切事物没有一刻是静止的，都不断在运动、不断在变化。这种运动和变化是随着自然法则进行的，是不可动摇的宇宙哲理。

假定生成发展是自然法则，那么每天的生活，就必须经常保持新的创意和发明。有句俗语"十年如一日"，这是说 10 年的努力就好像 1 天的努力那样充满活力，它强调的是勤劳、努力与毅力。这种十年如一日的努力，一定会产生非常新颖的创意和进步。假如大家的工作 10 年来没有任何变化，而是千篇一律，那么就是违反了生成发展的原理。

生命不息，前进不止。对于一个积极进取的人来说，每一天都是崭新的起点。如果你能 时刻保持进取的心态，每天都要求自己比以前有所进步，时间长了，你就能够成为一个十分优秀杰出的人。

超越自我，和自己比赛

人类的使命在于自强不息地追求完善。

——列夫·托尔斯泰

中国有句古话叫作"胜人者有力，自胜者强"，这句话告诉我们：一个人只有战胜自己、超越自己，才能够成为一个真正的强者。一个人超越不了自己，就谈不上超越别人。这不但不利于自己人生的发展，也很难在竞争激烈的社会上立足，最终只能为时代大潮所抛弃。

现在的社会是一个崇尚竞争的社会，只有不断进取，不断挑战和超越自己的人才能够成为最后的成功者。

外表温文、满脸带笑的吴士宏曾经是北京一家医院的普通护士。用吴士宏自己的话说，那时的她除了自卑地活着，一无所有。她自考英语专科，在她还差一年毕业时，她看到报纸上 IBM 公司在招聘，于是她通过外企服务公司准备应聘该公司，在此前外企服务公司向 IBM 推荐过好多人都没有被聘用，吴士宏虽然没有高学历，也没有外企工作的资历，但她有一个信念，那就是"绝不允许别人把我拦在任何门外"，结果她被聘用了。

据她回忆，1985 年，她为了离开原来毫无生气甚至满足不了温饱的护士职业，凭着一台收音机，花了一年半时间学完了许国璋英语 3 年的课程。正好此时 IBM 公司招聘员工，于是吴士宏来到了五星级标准的长城饭店，鼓足勇气，走进了世界最大的信息产业公司 IBM 公司的北京办事处。

IBM 公司的面试十分严格，但吴士宏都顺利通过了筛选。到了面试即将结束的时候，主考官问她会不会打字，她条件反射地说："会！"

"那么你一分钟能打多少？"

"您的要求是多少？"

主考官说了一个标准，吴士宏马上承诺说可以。因为她环视四周，发觉考场里没有一台打字机。果然，主考官说下次录取时再加试打字。

实际上吴士宏从未摸过打字机。面试结束，吴士宏飞也似的跑回去，向亲友借了 170 元买了一台打字机，没日没夜地敲打了一星期，双手疲乏得连吃饭都拿不住筷子，竟奇迹般地敲出了专业打字员的水平。以后好几个月她才还清了这笔对她来说不小的债务，而 IBM 公司却一直没有考她的打字功夫。

靠着这种不断超越自我的意识，吴士宏顺利地迈入了 IBM 公司的大门。进入 IBM 公司的吴士宏不甘心只做一名普通的员工，因此，她每天比别人多花 6 个小时用于工作和学习。于是，在同一批聘用者中，吴士宏第一个做了业务代表。接着，同样的付出又使她成为第一批本土的经理，然后又成为第一批去美国本部作战略研究的人。最后，吴士宏又第一个成为 IBM 华南区的总经理。这就是多付出的回报。

1998 年 2 月 18 日，吴士宏被任命为微软（中国）有限公司总经理，全权负责包括香港在内的微软中国区业务。据说为争取她加盟微软，国际"猎头公司"和微软公司做了长达半年之久的艰苦努力。吴士宏在微软仅仅用 7 个月的时间就超额完成了全年销售额 30%。

在中国信息产业界，吴士宏创下了几 项第一：她是第一个成为跨国信息产业公司中国区总经理的内地人；她是唯一一个登上如此高位的女性；她是唯一一个只有初中文凭和成人高考英语大专文凭的总经理。在中国经理人中，吴士宏被尊为"打工皇后"。

正是这种不断超越自我的精神，成就了吴士宏事业上的辉煌。超越自我，积极进取，不断地自我发展。在眼界上，努力地汲取新知识，思考新问题，在个人能力上，不断地否定自己、超越自己，不断地给自己制定新的目标，这样你就能够在未来的社会上成为一个胜利者和成功者。

勤奋

——攀登成功的阶梯

哈佛告诉你

　　勤奋是对成功的最好注解，也是通往成功的必由之路。勤奋是成功的秘诀，懒惰是成功的大敌。青少年要有所成就，就必须克服懒惰。一勤天下无难事，在年轻时养成勤勉努力的习惯，那么这种习惯就会成为你终身受用的法宝，它会伴随着你克服困难，取得人生的成功。

美好的生活要靠勤劳获取

　　懒惰走得如此之慢，以致贫穷很快就赶上它。

——富兰克林

　　很久以前，有一个叫汉克的年轻人，一心想成为一个富翁。他觉得成为富翁的捷径便是学会炼金之术。

因此，他把自己所有时间、金钱和精力都花在寻找炼金术这件事情上。很快他就花光了自己的全部积蓄，家中也因此变得一贫如洗，连饭都没得吃了。妻子无奈，跑到父亲那里诉苦。她父亲决定帮女婿改掉恶习。

于是他叫来汉克对他说："我已经掌握了炼金之术，只是现在还缺少一样炼金的东西……"

"快告诉我还缺少什么？"汉克急切地问道。

"那好吧，我可以让你知道这个秘密。我需要3千克香蕉叶的白色绒毛。这些绒毛必须是你自己种的香蕉树上的。等到收齐绒毛后，我便告诉你炼金的方法。"汉克回家后立刻将已荒废多年的田地种上了香蕉。为了尽快凑齐绒毛，他除了种自家的田地外，还开垦了大量的荒地。当香蕉成熟后，他便小心地从每张香蕉叶上刮收白绒毛。而他的妻子和儿女则抬着一串串香蕉到市场上去卖。就这样，10年过去了，汉克终于收集够了3千克绒毛。这天，他一脸兴奋地拿着绒毛来到岳父的家里，向岳父讨要炼金之术。

岳父指着院中的一间房子说："现在你把那边的房门打开看看。"

汉克打开了那扇门，立即看到满屋金光，竟全是黄金，他的妻子儿女都站在屋中。妻子告诉他这些金子都是他这 10 年里所种的香蕉换来的。面对着满屋实实在在的黄金，汉克恍然大悟。

美好的生活要靠勤劳获取。只有脚踏实地，靠自己的双手辛勤劳动，才能够过上好的生活。

彼得大帝作为俄国王位的继任者，也是通过艰辛的努力才真正得到自己的王位的。和其他王室成员不一样，他经常换下宫廷服装，穿上工作服去从事劳动。他看到西欧文明的成果在俄国几乎不为人知，感到痛心疾首，便下定决心进行自我教育，提高自己国民的素质。26 岁那年，正是其他的王子们耽于玩乐的年龄，他开始周游各国，他的目的并不是为了游山玩水，而是向这些国家中的优秀人员学习。在荷兰，他自愿为一位造船师当学徒。在英国，他在造纸厂、磨坊、制表厂和其他工厂里干活。他不仅细心地观察，而且像普通工人一样干活并拿到工资。

在伊斯提亚铸铁厂，他用 1 个月的时间来学习怎样冶炼金属。其他一些陪同他出访的俄国贵族子弟可能根本没有想到他们会干这样的苦活，当然最后他们也不得不背运煤块和拉风箱。他问工头穆勒，普通的铁匠每铸 16 千克的铁可以得到多少报酬。"3个戈比。"穆勒回答说。但是工头付给彼得大帝 18 个金币。"你的金币自己留着吧，"彼得说，"我并没有比普通的工匠干更多的活，你给别人多少就给我多少吧！我想买一双鞋，我的鞋实在不能穿了。"他脚上穿的鞋已经补过一次了，现在又满是破洞。他对新鞋很满意，说："这是我用自己的汗水换来的。"彼得大帝铸造的一根铁棒现在还在穆勒的伊斯提亚铸铁厂展示，上面有他的名字。还有一根保存在匹兹堡的国家珍奇博物馆，作为对亲自参加劳动的这位伟大国王的纪念。这对每个俄国人都是很有启发的：国家要想永远地繁荣下去，不管是农民还是沙皇，都需要辛勤地工作。

彼得大帝的事例告诉我们：只有靠自己的汗水和辛勤劳动换来的生活才是最真实、最美好的生活。俗话说，天下没有免费的午餐，要想收获美好的果实，就必须付出辛勤的劳动。

享受劳动的快乐

由工作产生的疲劳，能使人感到愉快；而由懒惰产生的疲劳，只能使人在休息时感到烦躁和悔恨。

——石川达三

劳动不仅是生存的必需，而且还是一种乐趣。劳动可以让人体会到生活的意义和乐趣。法国著名画家格勒兹指出，劳动——从事各种有益的职业乃是打开幸福大门的钥匙。

无数著名人物的亲身经历早已证明了这一真理。

早期的基督教牧师都以亲自参加各种辛苦的体力劳动为荣。圣保罗主张"不劳动者不得食"。他一辈子都靠自己的双手辛勤劳作来养活自己，他为自己这样活着而感到荣幸，为自己没有欠下别人一分钱而骄傲。

当圣·波尼法斯到达英国之后，他一只手拿着福音书，另一只手拿着木匠用的尺子。后来，他又从英国辗转到了德国，他还是靠自己的木工这门手艺吃饭。

路德更是这样。路德一生干过许多活计，他干过园艺、建筑、车工工艺和钟表制造，等等。无论干什么，他都极其勤勉，他总是凭自己的劳动去获取面包。

法国新教神学家、古典学者卡佐本有一次在他的一位朋友的一再劝说之下，被迫放下工作去完全、彻底地放松几天。但他享受不了这份清闲，旋即又回到了工作岗位上，他说："我宁可带病坚持工作，也不愿意无所事事，什么事情也不干才是最令人痛苦的事情。"

劳动是一种赐福，没有劳动的生活就好像是一潭死水，没有一点活力和希望。事实上，真正的幸福绝不会光顾那些精神麻木、四体不勤的人们，幸福只在辛勤的劳动和晶莹的汗水中。懒惰会使人们精神沮丧、万念俱灰，只有劳动才能创造生活、给人们带来幸福和欢乐。

一位心理学家认为：劳动是治疗人们身心病症的最好药物。马歇尔·霍尔博士认为："没有什么比无所事事、空虚无聊更为有害的了。"一位大主教认为："一个人的身心就像磨盘一样，如果把麦子放进去，它会把麦子磨成面粉，如果不把麦子放进去，磨盘虽然也在照常运转，却不可能磨出面粉来。"

英国圣公会牧师、学者、著名作家伯顿给世人留下了一本内容深奥却十分有趣的书——《忧郁的解剖》，他在书中提出了许多独到而精辟的论断。他指出：精神抑郁、沮丧总是与懒惰、无所事事联系在一起的。懒惰是一种毒药，它既毒害人们的肉体，也毒害人们的心灵。懒惰是万恶之源，是滋生邪恶的温床；懒惰是七大致命的罪孽之一，它是恶棍们的靠垫和枕头，懒惰是魔鬼们的灵魂……一条懒惰的狗都遭人唾弃，一个懒惰的人当然无法逃脱世人对他的鄙弃和惩罚。再也没有什么事情比懒惰更加不可救药了，一个聪明然而却十分懒惰的人本身就是一种灾祸，这种人必然成为邪恶的走卒，是一切恶行的役使者，因为他的心中没有给勤劳留下位置，所有的心灵空间必然都让恶魔占据了，这正如臭水坑中的各种寄生虫、各种肮脏的爬虫都疯狂地增长一样，各种邪恶的、肮脏的想法也在那些生性懒惰的人们的心中疯狂地生长，这种人的心思灵魂都被各种邪恶的思想腐蚀、毒化了。

伯顿在该书的最后部分说："你千万要记住这一条——万万不可向懒惰和孤独、寂寞让步，你必须切实地遵循这一原则，无论何时何地也不要违背这一原则，只有遵循这一原则，你的身心才有寄托和依归，你才会得到幸福和快乐；违背了这一原则，你就会跌入万劫不复的深渊。这是必然的结果、绝对的律令。记住这一条：千万不可懒惰，万万不可精神抑郁。"

劳动是一种荣誉，是一种快乐，是幸福生活的源泉。年轻人要想拥有幸福快乐的生活，就应当善于体味劳动的快乐，养成勤劳的好习惯。

每天多做一点点

懒惰，像生锈一样，比操劳更消耗身体。经常用的钥匙总是亮闪闪的。

——富兰克林

富兰克林说过"做得好胜于说得好"。无论什么事，都要勤奋地做，脚踏实地地做，默默地在自己脚下多垫些"砖头"，这样，你才会更加接近成功。俗话说，一分耕耘，一分收获。生活是公平的，付出越多得到越多。每天多做一点点，积少成多，时间长了，你就会实现自己的理想，收获自己想要的成功。

神原裕司郎是一位诚实淳朴的日本青年。他没有什么学历，家庭也不富裕，但他从不自卑。因为他认为，在这个充满机会的社会，只要勤劳肯干，迟早有出头之日。从少年时代起，神原便外出打工，到18岁时，他已拥有一辆自动卸货车，每天驾驶这部车子四处去工地找活干。

一到工程现场，他就找负责人问："你们有没有工作给我做？我有一辆倒土车，工钱我是不计较的。"

他有时会遭白眼，有时没人理他，但他毫不气馁，往来于横滨、名古屋、滋贺县的工程现场找零工做。后来，他回到故乡仓敷市。

当时，仓敷水岛地区正在移山填海、大兴土木，准备开发一个庞大的新工业区。

这充满活力的情景使这个 19 岁的年轻人很振奋，因为他知道自己的发展机会来了。

他想，使用倒土车工作效率太低，发展实在有限，应该买一辆最新式的推土机，才不会长期在蝇头小利中打滚。但一辆轻型的推土机要 100 万日元，至少也得先付 50 万日元。于是，他把唯一的倒土车卖掉，得款 25 万日元，再向银行借了 25 万日元，买了一部推土机。

推土机买来之后，他又抱着很大的期望，像以前一样在水岛地区到处找零活做。

由于这台机器工作效率佳，神原又不斤斤计较工钱，所以，没多久，他就不用辛辛苦苦四处找工作，反而工作来找他。对找上门来的工作，神原几乎是来者不拒，每天甩开膀子大干，忙得连睡觉的时间也没有。他的收入也很可观，每天能赚 6 万日元。

这样超负荷地苦干一年后，神原又买了一台挖土机和一台大功率推土机。此后他的发展像旋风一般，3 年后，他已拥有推土机等土木工程机械 10 台，成为一名土木工程包工头，并成立了神原重机兴业公司。到 28 岁时，神原已拥有土木工程机械 30 台，一年可做 2.6 亿日元的生意。

神原虽然已是一个公司老板，但他仍然每天驾驶着他的推土机前往工地工作。

注重行动
——在行动中实现梦想

成功在于计划，更在于行动。再美好的梦想，没有行动，就会变成空想；再完美的计划，如果缺乏行动，就会变成空谈。只有计划才能让心中的蓝图变成现实。青少年朋友要实现自己的理想，就应当注重行动，在行动中去实现自己的梦想。

只有行动才能让计划变成现实

一张地图无论多么详尽，也无法帮助它的主人前进一步。

——奥格·曼狄诺

只有行动才能让计划变成现实。一张地图，无论多么翔实，比例多么精确，也永远不可能带着主人周游列国；严明的法规条文，无论多么神圣，永远不可能防止罪恶的滋生；凝结智慧的宝典，永远不可能缔造财富。只有行动才能使地图、法规、宝典、梦想、计划、目标具有现实意义。

安妮是一个可爱的小姑娘，可是她有一个坏习惯，那就是她每做一件事时，总是爱让计划停留在口头上，而不是马上行动。

和安妮住在同一个村子里的詹姆森先生有一家水果店，里面出售本地产的草莓。一天，詹姆森先生对安妮说："你想挣点钱吗？"

"当然想，"她回答，"我一直想有一双新鞋，可家里买不起。"

"好的，安妮。"詹姆森先生说，"隔壁卡尔森太太家的牧场里有很多长势很好的黑草莓，他们允许所有人去摘。你去摘了以后把它们都卖给我，1 夸脱我给你 13 美分。"

安妮听到可以挣钱，非常高兴。于是她迅速跑回家，拿上一个篮子，准备马上就去摘草莓。

这时，她不由自主地想到，要先算一下采 5 夸脱草莓可以挣多少钱比较好。于是她拿出一支笔和一块小木板，计算结果是 65 美分。

"要是能采 12 夸脱呢？"她计算着，"那我又能赚多少呢？"她得出答案，"我能得到 1 美元 56 美分呢！"

安妮接着算下去，要是她采 50、100、200 夸脱，詹姆森先生会给她多少钱。她将时间花费在这些计算上，一下子已经到了中午吃饭的时间，她只得下午再去采草莓了。

安妮吃过午饭后，急急忙忙地拿起篮子向牧场赶去。而许多男孩子在午饭前就到了那儿，他们快把好的草莓都摘光了。可怜的小安妮最终只采到了 1 夸脱草莓。

回家的途中，安妮想起了老师常说的话："办事得尽早着手，干完后再去想。因为 1 个实干者胜过 100 个空想家。"

只有行动才能让计划变成现实。成功在于计划，更在于行动。目标再伟大，如果不去落实，永远只能是空想。

在一次行动力研习会上，培训师做了一个活动。他说："现在我请各位一起来做一个游戏，大家必须用心投入，并且采取行

动。"他从钱包里掏出一张面值 100 元的人民币,他说:"现在有谁愿意拿 50 元来换这张 100 元人民币。"他说了几次,都没有人行动,最后终于有一个人跑向讲台,但仍然用一种怀疑的眼光看着老师和那一张人民币,不敢行动。那位培训师提醒说:"要配合,要参与,要行动。"那个人才采取行动,终于换回了那 100 元。那位勇敢参与者立刻赚了 50 元。

最后,培训师说:"凡事马上行动,立刻行动,你的人生才会不一样。"

这么一个笑话,也说明了行动力对成功的重要性。

再美好的梦想,离开了行动,就会变成空想;再完美的计划,离开了行动,也会失去意义。青少年朋友要实现自己的理想,就应当注重行动,在行动中实现自己的梦想。

用目标激励行动

只要不丧失目标,走得最慢的人,也比漫无目的地徘徊的人走得快。

——莱辛

目标是一个人成功路上的里程碑。目标能给你一个看得见的靶子,当你一步一个脚印去实现这些目标时,就会有成就感,就会更加信心百倍,向高峰挺进。

成功学专家拿破仑·希尔说过,不甘做平庸之辈的人,必须要有一个明确的追求目标,这样才能调动起自己的智慧和精力,全力以赴为自己的目标而行动。

目标是一种持久的热望，是一种深藏于心底的潜意识。它能长时间调动你的创造激情，调动你的心力。你一旦具有强烈的愿望，就会产生一种原子能般的动力，就会有一种钢铸般的精神支柱；一想到你的目标，你就会为之奋力拼搏，就会忘我地投入行动。

格特鲁德·埃德尔，是第一位横渡英吉利海峡的女性。1925年7月4日，在浓雾中，她走下加利福尼亚以西37千米的卡塔标纳岛，向加州游去，她要成为第一个横渡这个海峡的女人。雾很大，甚至瞧不见领航的船只。海水冻得她浑身都麻木了，海中还有鲨鱼，时时在威胁着她。

15个小时过去了，她感到自己不能再游了，她要放弃了。

她的母亲和教练在另一条船上。他们都告诉她离海岸很近了，叫她不要放弃，但朝加州海岸望去，她发现，除了浓雾外什么也看不到。

过了一会儿，在她的坚持下，人们把她拉上了船。到了岸上，她渐渐觉得暖和多了。这时，她才发现，人们拉她上船的地点，离加州海岸只有800米左右。

一时间，她感到了失败的打击。

后来，她不无懊悔地对记者说："说实在的，我不是为自己找借口，如果当时我看见陆地，也许我能坚持下来。"

其实，令她半途而废的不是疲劳，也不是寒冷，而是她在浓雾中看不到目标。弗拉伦兹·恰克一生中就只有这一次没有坚持

到底。

2个月后，她终于
成功地游过了同一个海峡。

目标是一个人行动的动力，现实生活中，我们发现
那些最终获得成功的人始终会将目光集中在他们的目标上，他们
常常在向目标奋进的过程中运用想象提醒自己的目标所在。

奥林匹克运动会十项全能金牌获得者詹姆斯·卡特为了实现
自己的目标，用运动器械装备了整个寓所，以便每天提醒他去实
现自己的目标。他将十项全能每个项目的器械放在他不训练时也
不得不看到的地方，跨高栏是他最差的一项，他就将一个栏放在
起居室的正中央，每天必须跨越 30 次；他的门把手是个铅球；杠
铃就放在室外廊檐下；撑竿跳高用的竿子和标枪在沙发后竖立着；
壁橱里放着他的运动制服、棉织套服和跑鞋。詹姆斯说这种不寻
常的陈设在他准备奥运会夺冠的过程中，帮助他改善了他的竞技
状态。

已故网球名将阿瑟·艾虎早年也有类似的经验。

艾虎是打破网球界人种限制的唯一特例，在他之前，网球界一直是白人的天下。他的一生可说是一连串设定并达到目标的过程。

艾虎一生都坚持这样的信念："每次你订立一个目标，然后完成那个目标，这样你就可以在目标的激励下不断前进。"

他订立一个目标，一旦达到那个目标，他就再订立一个新的目标。为什么呢？他解释道："我相信，自信能改变一个人。自信也能扩散到生活中很多不同的层面，使你不但对自己的专长更有自信，而且还会对很多其他的事提高信心。相信自己也能做到，大可运用在其他工作或另外一组目标上。"

艾虎就是运用这种订立目标的方法，登上了网球王座的。他说："我早年的几位教练常订立清楚明确的目标，这正是我愿意遵循的。这些目标不见得一定要像赢得巡回赛这么重大，而是将一些有待克服的困难、需要努力与计划的事订立为目标。如果能达到这个目标，一定会有某种收获。不过我要再强调，不是只有赢得巡回赛才可以作为目标，往往一些小目标渐渐一个个地达到后，我自己都会意外地发现：'嘿！我距离得大奖已经越来越接近了。'"

艾虎一直以这种方式参加高难度的比赛。他说："参加巡回赛，总想能进入复赛。比赛时，总希望漏接的反手球不超过某个数字。或者是必须锻炼体力到一定的程度，天气太热时，才不至于很快就感到疲倦。这一类的小目标，可以帮助你将成为世界第一或赢得巡回赛这类的远大目标分解开来，变得更容易。"

用目标激励行动，你会发现自己在完成了一个又一个目标之后，正一步步地走向成功，而不是总耽于空想或者疏于行动。

做好行动前的准备

只有最充分的准备才能换来最好的结果。

——拿破仑·希尔

第二次世界大战期间，具有决定性意义的诺曼底登陆是非常成功的。为什么那么成功呢？原来美英联军在登陆之前做了充分的准备。他们演练了很多次，他们不断演练，演练登陆的方向、地点、时间以及一切登陆需要做的事情。最后真正登陆的时候，已经胜券在握，登陆的时间与计划的时间只相差几秒钟。这就是准备的力量。

古人说得好，有备无患。只有充分准备才能换来最好的结果。一个人准备工作做得越充分，成功的可能性就越大，我们常说：养兵千日，用兵一时。这也是一种准备哲学。

飞人迈克尔·乔丹是美国篮坛有史以来最顶尖的球员之一，被称为篮球之神。他具备所有成为篮球王的特质和条件，他打任何一场篮球比赛，胜算都是很大的。但是，他在参加任何一场重要的赛事之前，都会练习，练习投篮，练习基本动作。他是球队练习最刻苦的人，他是准备工作做得最充分的人。

在吸引了几乎全世界人眼球的拳坛世纪之战中，当时正如日中天的泰森根本没有把已年近40岁的霍利菲尔德放在眼里，自负地认为可以毫不费力地击败对手。同时，几乎所有的媒体也都认为泰森将是最后的胜利者。美国博彩公司开出的是 22 赔 1 泰森胜的悬殊赔率，人们也都将大把的赌注压在了泰森身上。

在这种情况下，认为已经稳操胜券的泰森对赛前的准备工作——观看对手的录像，预测可能出现的情况及应对措施，保证自己充足的睡眠和科学的饮食方面都敷衍了事。

但是，比赛开始后，泰森惊讶地发现，自己竟然找不到对手的破绽，而对方的攻击却往往能突破自己的漏洞。于是，气急败坏的泰森做出了一个令全世界都感到震惊的举动：一口咬掉了霍利菲尔德的半只耳朵！

世纪大战的最后结局当然是：泰森成了一位可耻的输家，还被内华达州体育委员会罚款 600 万美元。

泰森输在准备不足。当霍利菲尔德认真研究比赛录像，分析

他的技术特点和漏洞时，泰森却将教练准备的资料扔在了一边；当对手在比赛前拼命热身，提前进入搏击状态时，他却和朋友在一起狂欢。虽然泰森的实力确实比对手高出一筹，从年龄上也占尽了优势，但他最后却一败涂地。

霍利菲尔德的成功和泰森的失败重要的一点在于准备。是的，每一个差错往往因准备不足，每一项成功又往往因准备充分。

只有真正地重视准备，扎实地把准备工作都做到位，才能从根本上保证你不犯或少犯错误。葡萄牙波尔图足球队的主教练穆里尼奥说过一句很著名的话："当准备的习惯成为你身体的一部分，它就会永远在那里，并帮助你取得令人惊讶的胜利。"

穆里尼奥率领球队征战欧洲冠军联赛时，几乎没有人相信他们能杀入决赛，更别提夺取冠军了。但结果却使所有人都大跌眼镜，这个从队员到主教练都无名的俱乐部，竟然得到了欧洲足球的最高荣誉。

确实，波尔图的队员们和皇马、米兰等大牌球队的球星相比，无论名气上还是实力上都相差悬殊；当时的穆里尼奥和卡佩罗、马加特、扎切罗尼等知名教练相比，也不可同日而语。但穆里尼奥却有一个胜利的武器：对准备工作超乎寻常的重视。他几乎观看了所有对手最近的每一场比赛，可以说，所有对手的技术特点、战术风格、最近的状态……他都了如指掌；甚至对比赛当天的天气、场地草皮的状况，他都进行了详细的了解并制定了相应的对策。结果在决赛当天，他使用的队员、阵形、战术打法都直指对方的软肋，就像他夺冠后所说的那样："如果大家知道我们为了取得胜利而研究了多少场比赛，准备了多少资料，筹划了多少方案，就会认为这个冠军我们当之无愧。"

功成名就的穆里尼奥在夺冠的第二年来到英超球队切尔西，这里汇集了很多世界级的大牌球员。当穆里尼奥和这些队员们第一次见面的时候，他所做的第一件事是打开随身携带的笔记本电脑，开始如数家珍地介绍这些球员：从技术风格、进球数、身高体重，甚至详细到哪些是左脚打进的、哪些是右脚打进的，都了如指掌。穆里尼奥的这一举动一下子就震住了这些球星。不过，这只是开始，他们更没有想到的是，主教练这种近乎完美的准备工作会使他们在后面的比赛中取得一个又一个胜利。

提起准备，也许有人会说："准备没有什么了不起。"但就是这不起眼的准备，却能造就神奇的成功；反之，也能造成痛苦的失败。

拒绝拖延，今日事今日毕

虚度今天，就是毁了昔日成果，丢了来日前程。

——李大钊

拖延是无谓的耽搁，不仅无助于问题的解决，而且还会让问题变得越来越糟。那些遇事拖延的人只会让自己处处陷入被动，即便是机会到了他们面前，他们也抓不住。

有一位猎人，带着他的袋子、弹药、猎枪和猎狗出发了。虽然人人劝他在出门之前把弹药装进枪筒里，他还是带着空枪走了。

"废话，"他嚷道，"以前我没有去过吗？而且不见得我出生以来，天空中就只有一只麻雀啊！我真正到达那里，得一个小时，哪怕我要装100回子弹，也有的是时间。"

仿佛命运女神在嘲笑他的想法似的，他还没有走过开垦地，就发现一大群野鸭密密地浮在水面上，我们的乡村猎人一枪就能打中六七只，毫无疑问，够他吃上一个礼拜的，如果他出发时就在枪筒内装好了子弹的话。如今他匆匆忙忙地装着子弹，可是野鸭发出一声鸣叫，一齐飞起来了，高高地在树林上方排成长长的一列，很快就飞得看不见了。

他徒然穿过曲折狭窄的小径，在树林里奔跑搜索。树林是个荒凉的地方，他连一只麻雀也没有见到。更糟糕的是，一声霹雳，大雨倾盆。浑身都是雨水，袋子里空空如也，猎人只好拖着疲乏的脚步走回家去了。

我们在一生中，总有种种的憧憬、种种的理想、种种的计划。假使能够将一切憧憬都抓住，将一切理想都实现，将一切计划都执行，那么事业上的成就，不知要怎样的宏大，我们的生命，不知要怎样的伟大。然而我们却总是惯于拖延，一拖再拖，有理想不能实现，有计划不去执行，终于坐视种种憧憬、理想、计划幻灭并消逝。

梦想和成功并不遥远。如果下定决心立刻去做，你心中最热望的梦想定会实现。王牌保险销售员查尔斯正是如此。

查尔斯是一个打猎爱好者，他最喜欢的生活是带着钓鱼竿和猎枪步行25千米到森林里，过几天以后再回来，虽然筋疲力尽、满身污泥，却快乐无比。

这类嗜好唯一不便的是，他是个保险推销员，打猎钓鱼太花时间。有一天，当他依依不舍地离开心爱的鲈鱼湖，准备打道回府时，突发异想：在这荒山野地里会不会也有居民需要保险？那他不就可以在户外逍遥的同时工作了吗？结果他发现果真有这种人：他们是阿拉斯加铁路公司的员工。他们散居在沿线 50 里各段路轨的附近。那可不可以沿铁路向铁路工作人员、猎人和淘金者拉保呢？

查尔斯就在想到这个主意的当天便开始积极计划。他向一个旅行社打听清楚以后，便搭上船直接前往阿拉斯加。

查尔斯沿着铁路沿线开始了他的工作。很快他就成为那些与世隔绝的家庭最欢迎的人，不只因为在他之前没有人愿意跟他们打交道，还因为查尔斯代表了外面的世界。查尔斯还学会了理发，替当地人免费服务。他还无师自通地学会了烹饪，由于那些单身汉吃厌了罐头食品和腌肉，他的手艺自然使他变成了最受欢迎的贵客。同时，他也正在做自己最想做的事，徜徉于山野之间、打猎、钓鱼，过着自己想要的生活。

今日之事今日毕。今日有今日的事，明日有明日的事。今日的计划，今日的事情，今日就要去做，一定不要拖延到明日，因为明日还有新的计划和新的事情。

负责

——责任感伴你走向成熟

哈佛告诉你

　　责任心是一个人成长的动力，对家人、对朋友、对国家的责任都可以成为我们奋斗的动力。同时，承担责任也是一个人走向成熟的标志。当一个人的责任心在心底萌发时，就是走向成熟的开始。青少年作为未来社会的主人翁，应当学会主动地为祖国、为社会、为家人负起自己的责任，在承担责任的过程中不断地成长，走向成熟。

责任是一个人成长的动力

　　人一旦受到责任感的驱使，就能创造出奇迹来。

——门肯

　　责任是一个人成长的动力。美国前总统林肯曾这样说过：

"我——对全美国人，对基督世界，对历史，而且，最后，对上帝负责。"林肯成就了自己的伟大人生，得到了世人的尊敬与敬仰，应该说这与他的责任感不无关系。人活在世上，难免要承担各种责任——家庭、亲戚、朋友、国家、社会等方面的责任。这些责任既是我们的义务，同时也是我们成长的重要动力。

1957 年诺贝尔文学奖的获得者阿贝尔·加谬出生在一个贫苦的家庭。在他还不懂事的时候，父亲就在战场上牺牲了，只剩下母亲与他相依为命。因为家里没有什么积蓄，小加谬和母亲的生活特别艰难。但是，为了不让儿子在同伴中感到自卑，在小加谬到了上学年龄以后，母亲还是毫不犹豫地把他送到了学校。可是，懂事的小加缪很快就发现，因为自己上学又增加了学费和其他一些花销，母亲肩上的担子更重了。母亲每天都努力地工作着，由于经常熬夜，才三十几岁的人，脸上就已经早早地爬满了皱纹。懂事的小加缪看在眼里，疼在心里。

一天晚上，加谬又伏在那盏小煤油灯下复习功课，写完作业之后，他看见母亲还在忙碌，自己又帮不上忙，就早早地上床睡觉了。半夜里，加谬忽然被一阵咳嗽声惊醒了，睁开眼睛一看，母亲还没有睡，她正借着微弱的灯光缝补衣服呢。小加谬再也忍不住了，他一骨碌从被子里爬起来："……妈妈，我以后再也不能让你这么辛苦了，你看，我已经长大了，是个小男子汉了，我想出去找点活儿干，减轻一下家里的负担。"

儿子善解人意的话，让母亲的眼睛湿润了。她把小加谬紧紧地搂在怀里，泪水顺着面颊流了下来。

看见母亲流下眼泪，小加谬有些不知所措："妈妈，难道我说错了吗？你为什么哭了？"

"好孩子，你没有说错。可是你现在还太小了，妈妈怎么舍得让你去干活儿呢？你现在需要的是好好学习，只有等你长大了，才能帮助妈妈减轻负担呀。"母亲抚摸着加谬的头轻轻说。

听了母亲的话，小加谬认真地点了点头，从那以后，他学习更认真了。但是，无论母亲怎么努力，他们家的生活还是越来越困难。读完小学以后，在小加谬的一再央求下，母亲终于同意了他的要求，让他去做些事情，帮助家里减轻负担，但前提是不能耽误自己的学习。从那以后，小加谬一边读书，一边劳动。一开始，他找到了一份扫大街的工作。对小加谬来说，这份工作无疑是份苦差事。因为他每天不仅需要很早起床，还要拿着几乎跟他一样高的扫帚去扫大街，人小，扫的地方又大，小加缪常常累得满头大汗。

为了给母亲减轻负担，小加缪努力着坚持过来了。后来，小加谬又到一个饭馆里去洗碗。这个工作和扫大街的工作比起来更辛苦，加谬和几个小伙计每天都拼命干活，还常常不能按时洗完那些小山一样高的碗碟。

艰难的生活让加谬经受了磨炼，也培养了他刻苦勤奋的优良品质。后来，他通过自己的不懈努力，考取了大学，并最终获得了诺贝尔文学奖，成为举世瞩目的大文学家。

成就加缪的是什么？答案可以找出很多，但毫无疑问，加缪对母亲的爱，对家庭的那份责任感，是帮助他走过那段灰暗日子的精神支柱，也是加缪最具光彩的人生财富。

小加谬的成长带给我们一个启示：责任是一个人成长的动力。对家人、对朋友、对国家的责任都可以成为我们奋斗的动力。成功的人不仅承担责任，他们还希望增加责任，以便激发更多的能力。事实上，你承担的责任越多，你处理事情的能力就越强。一个人的能力是用不完的。你也许会用完时间，但是你不会用完能力，能力是越用越多的，如同智慧一样。不要躲避任何发挥自己能力的机会。承担责任、抓住机会，因为这会增加你的能力。

学会对自己的行为负责

一个人从他被投进这个世界的那一刻起，就要对自己的一切负责。

——萨特

我们只有首先学会对自己的行为负责，才能够开始对家庭、对他人、对集体、对社会负责。

阿尔弗雷德大帝是英国历史上最伟大的国王之一，他是一位伟大的国君，同时也是一个极具责任感的人。阿尔弗雷德统治时期的英格兰形势复杂，国家受到凶猛的丹麦人的入侵。入侵者如潮涌来，他们个个剽悍勇猛，几乎百战百胜。

阿尔弗雷德大帝率领的英格兰军队战败了。每个人，包括阿尔弗雷德，都只能设法逃生。阿尔弗雷德乔装打扮成一个牧羊人，只身逃走，穿过森林和沼泽。

经过几天漫无目的的游荡，他来到一个木匠的小屋中避难。饥寒交迫的他敲开房门，乞求木匠的妻子给点儿吃的东西并借宿一晚。

女主人同情地看着这位衣衫褴褛的男人，她不知道他是谁。"请进，"她说，"你给我看着炉子上的面包，我会提供你晚餐的。我现在出去挤牛奶，你好好看着，等我回来，可别让面包煳了。"

阿尔弗雷德礼貌地道了谢，坐在火炉旁边。他努力把精力集中到面包上，可是不一会儿他的烦心事就充满了脑子。怎样重整军队？重整旗鼓后又怎样去迎战丹麦人？他越想越觉得前途渺茫，开始认为继续战斗也将无济于事。他只顾想自己的问题，完全忘了自己是在木匠的屋子里，忘了饥饿，忘了炉子上的面包。

过了一会儿，女主人回来了，她发现小屋里烟熏火燎，面包已经烤成焦炭。阿尔弗雷德坐在炉边，目光盯着炉火，他根本就没注意到面包已经烤焦。

"你好没用！"女主人叫道，"看看你干的好事。你想吃东西，可你袖手旁观！好了，现在谁也别想吃晚餐了！"阿尔弗雷德只是羞愧地低着头。

这时，木匠回来了。他一进家门就认出了坐在炉火旁边的阿尔弗雷德。"住嘴！"他告诉妻子，"你知道你在责骂谁吗？他就是我们伟大的国王阿尔弗雷德！"

女主人惊呆了，她跑到国王面前急忙跪下，请求国王原谅她

如此粗鲁。

但是阿尔弗雷德却亲切地请女主人站了起来。

"你责怪我是应该的，"他说，"我答应你看着面包，可面包还是烤煳了，我该受惩罚。任何人做事，无论大小都应该认真负责。这次我没做好，但此类事情不会再有了，我的职责是做好国王。"

这个故事没告诉我们那天晚上阿尔弗雷德是否吃了晚饭，但我所知道的是没过多久，他就重整自己的军队，把丹麦人赶出了英格兰。阿尔弗雷德之所以能成为英国历史上有名的国王，不仅是因为他卓越的品格和领导才能，而且还与他对自己行为负责的

精神分不开。

　　有一次，一位太太带着自己 7 岁的小女儿到一位好朋友家做客。

　　女主人对朋友的到来感到非常高兴，特别学习了慕斯蛋糕的做法。她对客人说："今天我做慕斯蛋糕给你们吃，你们尝尝我做的点心味道好不好。"

　　7 岁的女孩听女主人说要给她们做蛋糕，心想：她做蛋糕肯定没有店里买的好吃。于是，当女主人问她吃不吃的时候，小女孩坚定地回答："我不吃。"

　　等女主人把蛋糕端上来的时候，小女孩一眼就看到了蛋糕上漂亮的草莓雕花。这么好看的草莓，蛋糕味道肯定很好！小女孩有点迫不及待地对母亲说："妈妈，我要吃蛋糕。"

女主人很高兴小女孩能够喜欢自己做的蛋糕，她把蛋糕端到小女孩面前，说："来，吃吧！"

谁知，小女孩的母亲严肃地对女儿说："不行，你刚才说过不吃蛋糕的，你要为自己说过的话负责，今天你不能吃蛋糕！"

小女孩着急地哭起来："妈妈，我就想吃蛋糕！"但是，母亲根本不为所动，只是对女儿淡淡地说："你得为自己说过的话负责。"

女主人看着，觉得小女孩的母亲也太认真了，就说："给她吃吧，孩子总是这样的。"

小女孩的母亲正色地对女主人说："亲爱的，我们要培养孩子的责任心。"

结果，无论小女孩怎么哭闹，母亲就是不同意让她吃冰激凌。

事实确实如此，只有让孩子懂得自己的行为将会产生什么后果，他才会对自己的行为负责任。在现实生活中，父母要试着把孩子生活中的每一项责任都放到他自己的身上，让他自己去承担。比如，当孩子遇到麻烦的时候，你应该说："这是你自己选择的，你想想为什么会这样？"而不要对孩子说："你已经努力了，是爸爸没有帮助你。"虽然只是一句话，却反映出了观念的不同。如果你无意中帮助孩子推卸了责任，孩子将会认为自己无须承担责任，这对他以后的人生道路是很不利的。

尝试着自己做决定

责任心常常会纠正人的狭隘性。当我们徘徊于迷途的时候，它会成为可靠的向导。

——普列姆昌德

下面是一个真实的故事。

一位名叫贝蒂的美国女孩通过自己的经历告诉大家，她的完美人生是如何开始的。"我 13 岁生日那一天，是我人生的一个重大转折。妈妈把我叫进她的房间，'贝蒂，我想和你谈谈。'妈妈拍了拍身边的床铺说，'我用了 12 年的时间来培养你的价值观和道德观。你觉得自己具有分辨是非的能力了吗？今天是你的 13 岁生日。从今以后你就不再是小孩子了，现在是你开始自己拿主意的时候了。从现在起，你自己的规矩自己定。什么时候起床，什么时候睡觉，什么时候写作业，和哪些人交朋友，这些都由你自己决定。'"

"'我不明白。你生我的气了吗？我做错了什么吗？'妈妈伸出手搂住我的肩膀：'每个人迟早都要自己做主。很多被父母严格管教的年轻人，往往在他们离开大学、没人给他们指导的时候犯下了可怕的错误，有些甚至毁了自己的一生。所以我要早一点给你自由。'我目瞪口呆地盯着她，各种念头一起闪过脑海：那么，我随便多晚回家都可以；能够自由参加各种聚会；没有人再催促我写作业……这简直棒极了！妈妈站起来：'记住，这是一种责

任。家里人都在看着你。而只有你一个人为自己的过错负责。'她说着用力抱了抱我，'别忘了，我一直在你身边。任何时候，如果你需要，我会随时帮助你。'完美的谈话就这样结束了。同以往一样，这个生日是与家人一起度过的，有蛋糕，有冰激凌，还有礼物，而与母亲的这次谈话却是我收到的最有意义的生日礼物。

"从那一天起，我在享受自由的时候，始终忘不了母亲的那句话——只有你一个人为自己的过错负责。在这之后的数年间，我做过不少错事，但自己为自己的过错负责的态度，使我迅速成熟起来。"

学会自己做决定，而不是凡事向父母或者老师请教，我们才能真正成长和成熟起来。我们应当相信自己，尝试着自己去做决定。

1. 要相信自己

美国的父母一般都很注意让孩子学会如何做决定。

任何一个人，要做出一个正确决定总是会有困难的，更何况是青少年。既没有经验，注意力短暂，又喜欢新鲜的事，做出的选择和决定，难免不恰当或者错误。让我们自己做决定，虽然父母总会有点害怕、担心，但是，美国的专家建议说："无论怎样困难，也应让孩子自己做些决定。"自己做决定，信心是很重要的，一次、两次，时间长了，慢慢地你就会建立起自信。

2. 不要太多的选择

在培养我们自己做主的能力时，专家们强调说，还应注意，不能给我们提供太多的可选择的方式，这样会无意中增强我们的欲望，欲望的扩大不是好事，它容易使我们失去方向。

3. 不能选择危险及对他人有害的事

我们要预先了解哪些是有害、不安全的，做到防患于未然。例如：冬天一定要穿棉衣，这没有选择的余地，必须执行。

4. 做决定时，不要有太大的压力

如果我们的决定不太合理恰当，遇到挫折，产生了失败感，可以请求别人给予帮助。我们做决定的机会不可太多，以免给我们太大压力。

5. 根据自己的愿望，运用大人的经验和知识做出决定

站在大人的角度思考问题，是帮助我们做出决定的好方式。如："要下雨了，在图书馆里避雨比在操场上好些。""如果我们不去看姐姐而去看电影，姐姐会伤心的。"这是大人进入我们的选择中去的效果。

自 制
——管理好自己才能管理别人

　　有自制力不仅仅是人的一种美德，而且，在一个人成就事业的过程中，自制力也是一项决定成败的关键因素。自制对于青少年的成长和进步来说，有着十分重要的意义和作用。只有自制的人才能拥有真正的美德。控制自己能够让一个人变得更强大。青少年要想成为能够主宰自己命运的强者，就必须学会克制自己，管理自己。

不要成为情绪的奴隶

　　易怒是一种卑贱的素质，受它摆布的往往是生活中的弱者。

——培根

　　自制力不仅仅是一种美德，在一个人成就事业的过程中，自制力也是一项决定成败的关键素质。

有人说：一个人要想在事业上取得成功，务必戒奢克俭，节制欲望，只有有所放弃，才能有所获得。自制不仅仅是在物质上克制欲望，对于一个想要取得成功的人来说，精神上的自制也是非常重要的。衣食住行毕竟是身外之物，不少人都能自制，甚至是尽善尽美地克制，但精神上的、意志力上的自制却非人人都能做到。

想要成功必须使消极的情绪得到有效的控制，否则，人的生活质量、工作成效和事业成就将无法保证。米开朗琪罗曾说："被约束的才是美的。"对于情绪来说也是如此，一个人的情绪如果不能得到有效的调控，那么，人就有可能成为情绪的奴隶和牺牲品。

芬妮是一个脾气暴躁、情绪容易波动的女孩，经常因为小事和别人吵架，她的人际关系因此愈来愈紧张，结果男友也难以忍受她的坏脾气，和她分手了。终于有一天，她觉得自己已经处于崩溃边缘。

她打电话向她的一个朋友詹森求救。詹森向她保证："芬妮，我知道现在对你来说是有点糟，可是只要经过适当的指引，一切就会好转。"

"你现在要做的第一件事是让自己安静下来，好好地享受一下宁静的生活。"

听了詹森的话，芬妮开始试着放弃先前忙碌的生活，好好地放松自己，给自己休了一个长假。当她情绪已经稳定了一段时间之后，詹森又建议道："在你发脾气之前，不妨想想，究竟是哪一点触动了你？"

　　"你可以拥有两种思考，一种是让每件事情都在脑海里剧烈地翻搅，另一种则是顺其自然，让思想自己去决定。"说着，詹森拿出了两个透明的刻度瓶，然后分别装了一半刻度的清水，随后又拿出了两个塑料袋。芬妮打开来，发现是白色和蓝色的玻璃球。詹森说："当你生气的时候，就把一颗蓝色的玻璃球放到左边的刻度瓶里；当你克制住自己的时候，就把一颗白色的玻璃球放到右边的刻度瓶里。最关键的是，现在，你该学会控制自己的情绪，如果你不试着控制自己的情绪，你会继续把你的生活搞得一团糟。"

　　此后的一段时间内，芬妮一直照着詹森的建议去做。后来，在詹森的一次造访中，两个人把两个瓶中的玻璃球都捞了出来。芬妮发现，那个放蓝色玻璃球的水变成了蓝色。原来，这些蓝色玻璃球是詹森把水性蓝色涂料染到白色玻璃球上做成的，这些玻璃球放到水中后，蓝色染料溶解到水中，水就呈现了蓝色。詹森借机对芬妮说："你看，原来的清水投入'坏脾气'后，也被污染了。你的言语举止，是会感染别人的，就像玻璃球一样。当心情不好的时候，要控制自己。否则，坏脾气一旦投射到别人身上的时候，就会对别人造成伤害，再也不能回复到以前。所以一定要控制好自己的言行。"

　　芬妮后来发现，当按照詹森的建议去做时，自己真的不会那么混沌了，事情也容易理出头绪。

　　当詹森再次造访的时候，他惊喜地发现，那个放白色玻璃球的刻度瓶竟然溢出水来——看来芬妮自制能力增长不少。慢慢地，芬妮已学会把自己当成一个思想的旁观者，并重新得到了一位优秀男士的爱，美好在她的生活中渐渐展现。

任凭坏情绪摆布的人往往是生活的弱者，当你要发脾气的时候，应该做的第一件事就是尽量让自己安静和放松下来，想一想目前出现了什么情况，而不是顺其自然让脾气发作，被情绪牵着走。

有一天，陆军部长斯坦顿怒气冲冲地来到林肯那里，抱怨一位少校公开指责他偏袒下属。林肯建议斯坦顿立即写一封信回敬那位少校。

"可以狠狠地骂他一顿。"林肯说。

斯坦顿立刻写了一封措辞激烈的信，然后拿给总统看。

"对了，对了。"林肯高声叫好，"要的就是这个！好好教训他一顿，斯坦顿。"但是当斯坦顿把信叠好装进信封里时，林肯却叫住他，问道："你要干什么？"

"寄出去呀。"斯坦顿有些摸不着头脑了。

"不要胡闹。"林肯大声说，"这封信不能发，快把它扔到炉子里去。凡是生气时写的信，我都是这么处理的。这封信写得好，写的时候你已经解了气，现在感觉好多了吧，那么就请你把它烧掉，再写第二封信吧。"

和别人生气的时候，要注意合理控制自己的情绪，既不要把自己的愤怒压抑在心底，也不要直接将愤怒发泄给别人，而要找出一个缓解愤怒情绪的合理步骤，让自己的情绪缓一缓，等自己的内心平静了再做决定。

除了愤怒情绪之外，忧郁、失望、苦闷等消极情绪也是阻碍我们走向成功的重要因素。一个人要取得成功，就要学会合理地控制自己的消极情绪。

一个人成功的最大障碍不是来自外界，而是自身。如果你能够恰当地掌握好情绪，那么将在别人的心目中留下"沉稳、可信赖"的形象，你的人生也必定会因此而受益匪浅。

驾驭好自己的情绪，增强自控能力，是取得成功的一个重要因素，也是成功人生的重要法则之一。

冷静沉着，遇事应付自如

无论做什么事情都不要着急，不管发生什么事，都要冷静、沉着。
——狄更斯

一个人在关键的时候，在危难之中能够保持冷静，不仅是一种可贵的品质，而且也是战胜困难、减少损失的重要条件。

第二次世界大战期间，法国有一位普通的家庭主妇，她的丈夫雷诺在马其诺防线被德军攻陷后，当了德国人的俘虏，她的身边只有两个年幼的儿女——12岁的雅克和10岁的杰奎琳。为把德国强盗赶出自己的祖国，母子3人参加了当时的秘密情报工作。

一天晚上，屋里闯进了3个德国军官，其中一个是本地区情报部的官员。他们坐下后，一个少校军官对着一张揉皱的纸就着暗淡的灯光吃力地阅读起来。这时，那个情报部的中尉顺手拿过藏有情报的蜡烛点燃，放到长官面前。情况变得危急起来，雷诺夫人很清楚，当蜡烛燃到铁管处就会自动熄灭，同时也意味着他们一家三口的生命将告结束。她看着一双脸色苍白的儿女，急忙从厨房中取出一盏油灯放在桌上。"瞧，先生们，这盏灯亮些。"说着轻轻地把蜡烛吹熄，一场危机似乎过去了。但是，轻松没有持续多久，那个中尉又把冒着青烟的烛芯重新点燃，"晚上这么黑，多点支小蜡烛也好嘛。"他说。雷诺夫人的心提到了嗓子眼上，她似乎感到德军那几双恶狼般的眼睛都盯在越来越短的蜡烛上。

这时候，小儿子雅克慢慢地站起："天真冷，我到柴房去搬些柴来生火吧。"说着伸手端起烛台朝门口走去，房子顿时暗下来。中尉快步赶上前，厉声喝道："你不用灯就不行吗？"一把把烛台夺回。

时间一分一秒地过去。突然，小女儿杰奎琳娇声对德国人说道："司令官先生，天晚了，楼上黑，我可以拿一盏灯上楼睡觉吗？"少校瞧了瞧这个可爱的小姑娘，一把拉她到身边，用亲切的声音说："当然可以。我也有一个像你这样年纪的小女儿。来，我给你讲讲我的路易莎好吗？"杰奎琳仰起小脸，高兴地说："那太好了。不过，司令官先生，今晚我的头很痛，我想睡觉了，下次您再给我讲好吗？""当然可以，小姑娘。"杰奎琳镇定地把烛台端起来，向几位军官道过晚安，上楼去了。正当她踏上最后一级楼梯时，蜡烛熄灭了。

冷静沉着，临危不乱，才能够化险为夷，力挽狂澜。面对生活中的压力和危险，青少年要从容不迫，沉着应对，保持冷静的头脑，控制好自己，才能控制意外的局面。

培养坚强的自制力

自制的人才能够拥有真正的美德。

——斯威夫特

一个人要想不断进步，就必须培养自己超人的自制力。自制能力是在日常生活中和工作中善于控制自己情绪和约束自己言行的一种能力。一个想要有所成就的人如果缺乏自制力，就等于失去了方向盘和刹车，必然会"越轨"或"出格"，甚至"撞车""翻车"。在我们的生活和成长过程中必然要接触各种各样的人，处理各种各样复杂的事，其中有顺心的，也有不顺心的，有顺利的，也有不顺利的，有成功的，也有失败的。如缺乏自制能力，放任不羁，势必搞坏关系，影响团结，挫伤积极性，甚至因小失大，铸成大错，后悔莫及。因此，我们必须要有较强的自制力，管理好自己，不让自己的言行出格。

那么，青少年要怎样才能培养过人的自制力呢？

1. 正确地看待事物

对事物认识越正确、越深刻，自制能力就越强。比如，有的人遇到不称心的事，动辄发脾气，训斥谩骂，而有的人却能冷静对待，循循善诱，以理服人。古希腊数学家毕达哥拉斯说："愤怒以愚蠢开始，以后悔告终。"所以对自己的感情和言行失去控制，最根本的就是对这种粗暴作风的危害性缺乏深刻的认识，从而造成了不良影响。

2. 磨炼自己的意志力

自制需要强大的意志力。苏联教育家马卡连柯说："坚强的意志，这不但是想什么就获得什么的本事，也是迫使自己在必要的时候放弃什么的本事……没有制动器就不可能有汽车，而没有克制也就不可能有任何意志。"因此，反过来也可以说，没有坚强的意志就没有自制能力，坚强的意志是自制能力的支柱。

3. 用毅力控制爱好

毅力，可以帮助你控制自己，果断地决定取舍；毅力，是自制能力果断性和坚持性的表现。滑冰、下棋看起来都是小事，是个人的一些爱好，但要控制这种爱好，没有毅然决然的果断性就办不到。常常遇到这样一些人，嘴上说要戒烟，但戒了没几天，就又开始抽了，什么原因呢？主要就是缺乏毅力。没有毅力，就没有果断性和坚持性，自制的效率就不高。可见，要具有强有力的自制能力，必须伴以顽强的毅力。

宽 容

——营造心灵的和谐

哈佛告诉你

　　宽容和忍让能够换来最甜蜜的结果。生活中，冲突和争执在所难免，青少年要学会用和平的方式处理冲突和争执。错误在所难免，宽恕就是神圣。一个人经历过一次忍让，就会多一分宽容的心胸。多一分宽容，就会多一个朋友，少一个敌人。

宽厚容人，不过于苛求别人

　　水至清则无鱼，人至察则无徒。

——《汉书》

　　古语有云："海纳百川，有容乃大。"做人应当宽厚容人，不过于苛求他人，要善于容人之过，这样你的周围才会充满知心的朋友和良师。

　　美国著名的人际关系学家卡耐基，和许多人都是朋友，其中包括若干被认为是孤僻、不好接近的人。有人很奇怪地问卡耐基，说："我真搞不懂，你怎么能忍受那些老怪物呢？他们的生活与我们一点都不一样。"卡耐基回答道："他们的本性和我们是一样的，只是生活细节上难以一致罢了。但是，我们为什么要戴着放大镜去看这些细枝末节呢？难道一个不喜欢笑的人，他的过错就比一个受人欢迎的夸夸其谈者更大吗？只要他们是好人，我们不必如此苛求小处。"

　　卡耐基不愧是人际关系学大师。其实，每个人一半是天使，一半是魔鬼，优点与缺点共存，美丽与丑陋俱在。与人相交，要看好的方面，至于一些小节，诸如生活习惯之类，尽可以睁一只

眼闭一只眼。

服装界有名的商人史瓦兹是一个善于容人的经营者，他的成功就和自己善于包容不同个性人才的品格有很大关系。

史瓦兹刚入服装行业的时候，有一次他拿着样衣经过一家小店，却无缘无故地被店主讥讽嘲笑了一通，说他的衣服只能堆在仓库里，再过10年也卖不出去。史瓦兹并未反唇相讥，而是诚恳地请教，这小店主说得头头是道。史瓦兹大惊之下，愿意高薪聘用这位怪人。没想到这人不仅不接受，还讽刺了史瓦兹一顿。史瓦兹没有放弃，运用各种方法打听，方才知道这小店主居然是一位很有名望的服装设计师，只是因为他自诩天才、性情怪僻而与多位上司闹翻，一气之下发誓不再设计，改行做了小商人。

史瓦兹弄清原委后，三番五次登门拜访，并且诚心请教。这位设计师仍然是火冒三丈，劈头盖脸地骂他，坚决不肯答应。史瓦兹毫不气馁，常去看望他，经常和他聊天并给予热情帮助。到最后，这位怪人自己也很不好意思，终于答应史瓦兹，但是条件非常苛刻，其中包括他一旦不满意可以随意更改设计图案，允许设计师自由自在地上班。果然，这位设计师虽然常顶撞史瓦兹，让他下不了台，但其创造的效益实在巨大，帮助史瓦兹建立了一个庞大的服装帝国。

这位设计师的脾气不可谓不怪异，甚至有点恃才傲物，但是史瓦兹慧眼识金，懂得他的价值所在。史瓦兹对他的缺点和不足一一宽容，使他帮助自己走上了事业的另一个台阶。

善于容人不仅要容忍他人个性上的缺点，还应当容忍他人行为上的过失。

唐高宗时期有个吏部尚书叫裴行俭，家里有一匹皇帝赐的好马和很珍贵的马鞍。他有个部下私自将这匹马骑出去玩，结果马摔了一跤，摔坏了马鞍，这个部下非常害怕，连夜逃走了。裴行俭不但叫人把他招回来，并且没有因此而责怪他。

又有一次，裴行俭带兵去平都支援李遮匐，结果获得了许多有价值的珍宝，于是就宴请大家，并把这些有价值的珍宝拿出来给客人看。其中有个部下在抱着一个直径约 0.7 米的很漂亮的玛瑙盘出来给大家看的时候，不小心摔了一跤，把盘子摔碎了，顿时害怕得不得了，伏在地上拼命叩头。裴行俭笑着说："你不是故意的。"脸上并无可惜的样子。

裴行俭这种善于容人之失的胸襟不仅化解了风波，而且还赢得了部下的敬重和忠诚。关于容人之过，历史上最有名的是楚庄王的故事。

被称为春秋五霸之一的楚庄王，有一次宴请群臣，要大家不分君臣，尽兴饮酒作乐。正当大家玩得高兴时，一阵风吹来，灯火熄灭，全场一片漆黑。这时，有人乘机调戏楚庄王的爱姬，爱姬十分机智，扯下了这个人的冠缨，并告诉楚庄王："请大王把灯火点燃，只要看清谁的冠缨断了，就可以查证出谁是调戏我的人。"群臣乱成一片，以为定会有人丧命。可是，楚庄王却宣布："请大家在点燃灯火之前都扯下自己的冠缨，谁不扯断冠缨，谁就要受罚。"

当灯火再燃起来的时候，群臣都已经拔去了冠缨，那个调戏爱姬的人自然无法查出。大家都舒了一口气，又高兴地娱乐起来。

两年以后，晋军进攻楚国。这时，一名将军勇往直前，杀敌无数，立了大功。楚庄王召见他，赞扬他说："这次打仗，多亏了你奋勇杀敌，才能打败晋军。"这个将领泪流满面地说："臣就是两年前在酒宴中调戏大王爱姬的人，当时大王能够重视臣的名誉，宽容臣的过错，不处罚臣，还给臣解围，臣感激不尽。从那以后，臣就决心效忠大王，等待机会为大王效命。"

一个人若能有宽宏的度量，他的身边便会集结大群知心朋友。大度，表现为对人、对友能"求同存异"，不以自己的特殊个性或癖好律人。除此之外，大度还要能容忍朋友的过失，尤其是当朋友对自己犯有过失时，能不计前嫌，一如既往。

概括起来，大度容人主要可以分为以下几个方面。

大度容人	
容人之长	人各有所长，取人之长补己之短，才能相互促进，才能事业发展。相反，有的人却十分嫉妒别人的长处，生怕同事和部属超过自己，而想方设法进行压制，其实这种做法是很愚蠢的。
容人之短	金无足赤，人无完人。人的短处是客观存在的，容不得别人的短处势必难以共事。
容人个性	由于人们的社会出身、经历、文化程度和思想修养各不相同，所以性格也各异。因此容人从根本上来说就是要接纳各种不同性格的人，这不仅是一种道德修养，也是一门艺术。从历史上看，许多领袖人物，都是善于团结各种不同性格的人的典范。
容人之过	"人非圣贤，孰能无过。"历史上凡是有作为的伟人，多数都能容人之过。
容人之功	别人有功劳，本应该感到高兴，但有的人心胸狭窄，生怕别人功劳大会对自己构成威胁。只有那些以国家、民族利益为重，胸怀开阔的人才能做到容人之功。

用和平的方式处理冲突和愤怒

宽容和忍让能够换来甜蜜的结果。

——弗莱彻

生活中，冲突和争执在所难免，青少年要学会用和平的方式处理冲突与争执。冲突只能为双方带来伤害，而宽容忍让则能够为我们带来美好的结果。

古时候有个叫陈嚣的人，与一个叫纪伯的人做邻居。有一天夜里，纪伯偷偷地把陈嚣家的篱笆拔起来，往后挪了挪。这事被陈嚣发现后，心想，你不就是想扩大点地盘吗，我满足你。他等纪伯走后，又把篱笆往后挪了3米多。天亮后，纪伯发现自家的地盘又宽出了许多，知道是陈嚣在让他，他心中很惭愧，主动找上陈家，把多侵占的地统统还给了陈家。

《寓圃杂记》中记述了杨翥的两件小事。杨的邻人丢失了一只鸡，指骂被姓杨的偷去了。家人告知杨翥，杨说："又不止我一家姓杨，随他骂去。"又一邻居，每遇下雨天，便将自家院中的积水排放进杨翥家中，使杨家深受脏污潮湿之苦。家人告诉杨翥，他却劝解家人："总是晴天干燥的时日多，下雨的日子少。"

久而久之，邻居们被杨翥的忍让所感动。有一年，一伙贼人密谋欲抢杨家的财宝，邻人们得知后，主动组织起来帮杨家守夜防贼，使杨家免去了这场灾祸。

冲突和争执会破坏团结和友谊，如果以一种宽容的方式去化解冲突和矛盾，就会避免因冲突而为双方带来的伤害，进而重新赢得团结。

战国时期，楚、梁两国交界，两国在边境上各设界亭，亭卒们在各自的地里种了西瓜。梁亭的亭卒勤劳，锄草浇水，瓜秧长势极好；而楚亭的亭卒懒惰，不事瓜事，瓜秧又瘦又弱，与梁亭瓜田的长势简直不能相比。楚亭的人心生嫉妒，于是，在一天晚上乘着夜色偷跑过去把梁亭的瓜秧全给扯断了。

第二天，梁亭的人发现自己瓜地里的瓜秧全被人扯断了，他们气愤难平，报告边县的县令宋就，说我们也过去把他们的瓜秧扭断好了。宋就说："这样做当然能解气，可是，我们明明不愿他们扯断我们的瓜秧，为什么要反过去扯断别人的瓜秧？别人不对，我们再跟着学，那就太狭隘了。你们听我的话，从今天起，每天晚上去给他们的瓜秧浇水，让他们的瓜秧长得好。而且，你们这样做，一定不能让他们知道。"梁亭的人听了宋就的话后觉得很有道理，于是就照办了。渐渐地，楚亭的人发现自己的瓜秧长势一天好过一天，仔细观察后发现每天早上地都被人浇过了，而且是梁亭的人在黑夜里悄悄为他们浇的。楚国的边县县令听到亭卒们的报告后，感到十分惭愧和敬佩，于是把这件事报告给了楚王。

楚王听说这件事后，感于梁国人修睦边邻的诚心，特备重礼送给梁王，以示自责，也用来表示酬谢。结果这一对敌国成了友好的邻邦。

生活中有很多事当忍则忍，能让则让。忍让和宽容不是懦弱和怕事，而是关怀和体谅。以己度人，推己及人，我们就能与别人和睦相处，甚至能够化敌为友。

琼斯是一名经营建筑材料的商人，由于另一位对手的竞争而陷入困境之中。对方在他的经销区域内定期走访建筑师与承包商，并告诉他们：琼斯的公司不可靠，他的产品质量不好，生意面临即将歇业的境地。

琼斯说他并不认为对手会严重伤害到他的生意，但是这件麻烦事使他心中生出无名之火，真想"用一块砖来敲碎那人肥胖的脑袋作为发泄"。

　　"有一个星期天早晨，"琼斯说，"牧师讲道的主题是：要施恩给那些故意跟你为难的人。我把每一个字都吸收下来。就在上个星期五，我的竞争者使我失去了一份25万块砖的订单。但是，牧师却教我们要以德报怨，化敌为友，而且他举了很多例子来证明他的理论。当天下午，我在安排下周日程表时，发现住在弗吉尼亚州的一位我的顾客，因为盖一间办公大楼需要一批砖，而所指定的砖的型号不是我们公司制造供应的，却与我竞争对手出售的产品很类似。同时，我也确定那位满嘴胡言的竞争者完全不知道有这笔生意机会。"

　　这使琼斯感到为难，是要遵从牧师的忠告，告诉给对手这项生意的机会，还是按自己的意思去做，让对方永远也得不到这笔生意？到底该怎样做呢？琼斯的内心挣扎了一段时间，牧师的忠告一直盘踞在他心间。最后，也许是因为很想证实牧师是错的，他拿起电话拨到竞争对手家里。

　　接电话的正是那个对手本人，当时他拿着电话，难堪得一句话也说不出来。琼斯礼貌地直接告诉他有关弗吉尼亚州的那笔生意。结果，那个对手很是感激琼斯。

　　琼斯说："我得到了惊人的结果，他不但停止散布有关我的谎言，甚至还把他无法处理的一些生意转给我做。"琼斯感到心情比以前好多了，他与对手之间的阴霾都散去了。以德报怨，化敌为友。用和平的方式去处理生活中的冲突与愤怒，这就是迎战那些终日想要给你使绊儿的人所能采用的最上策。

不为小事争执

生命太短暂了，不要为无谓的小事争执。

——卡耐基

一个心胸开阔的人不会把时间花在一些小事情上。小事情会使人偏离自己本来的主要目标和重要事项。如果一个人对一件无足轻重的小事情做出反应——小题大做的反应——这种偏离就产生了。

以下这些小事情的荒谬反应值得参考：大约 900 年前，一场蹂躏了整个欧洲的战争竟然是关于桶的争吵而爆发的。1654 年的瑞典与波兰之战仅仅是因为在一份官方文书中，瑞典国王的附加头衔比波兰国王少了一个。一个小男孩向格鲁伊斯公爵扔鹅卵石，于是导致瓦西大屠杀和 30 年战争。有人不小心把一个玻璃杯里的水溅到托莱侯爵的头上，于是导致了英法大战。

作为普通人，我们不可能因为一件小事就引发一场战争，但我们可能会因小事而使周围的人不愉快。俗话说："宰相肚里能撑船。"如果我们每个人都能够长存宽容之心，不争无谓的小事情，那么我们的生活就会避免许多争执，我们周围的世界也会变得和

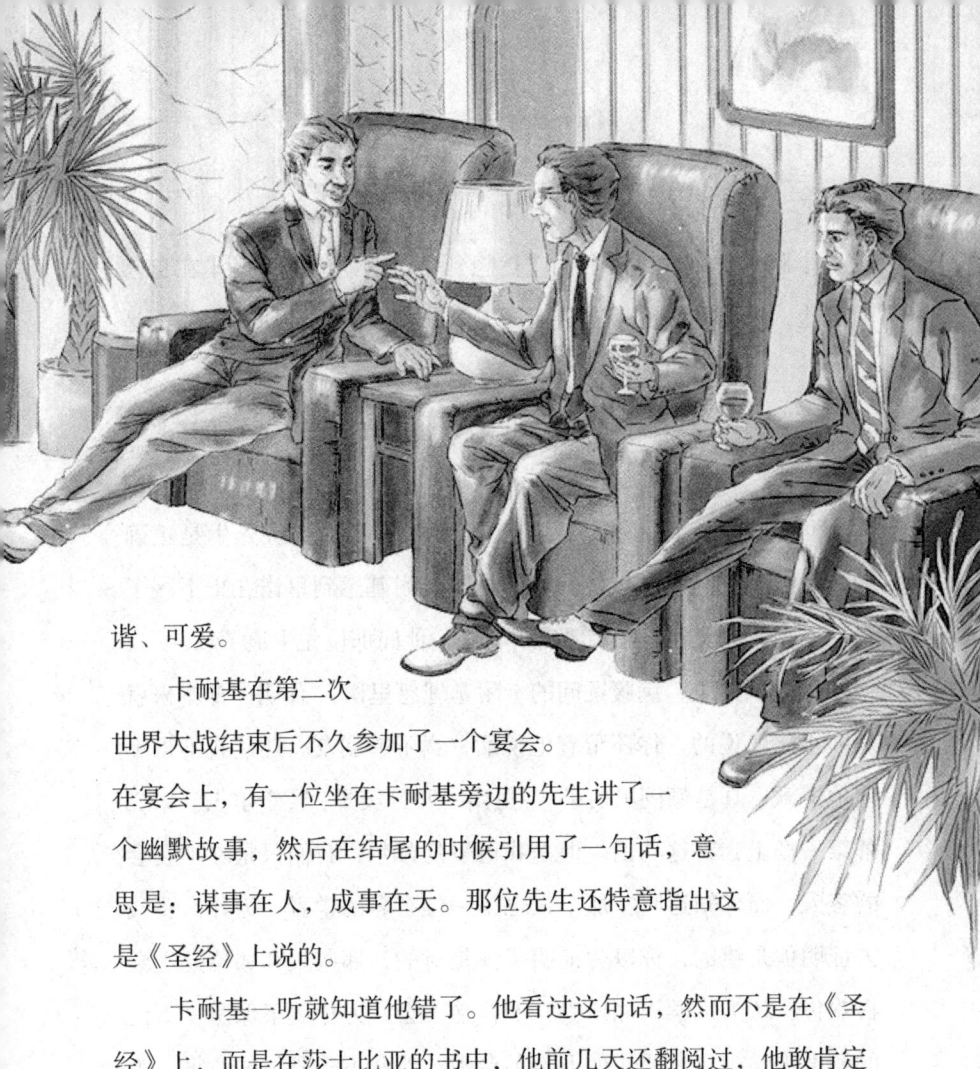

谐、可爱。

　　卡耐基在第二次世界大战结束后不久参加了一个宴会。在宴会上，有一位坐在卡耐基旁边的先生讲了一个幽默故事，然后在结尾的时候引用了一句话，意思是：谋事在人，成事在天。那位先生还特意指出这是《圣经》上说的。

　　卡耐基一听就知道他错了。他看过这句话，然而不是在《圣经》上，而是在莎士比亚的书中，他前几天还翻阅过，他敢肯定这位先生一定搞错了。于是他纠正那位先生说，这句话是出自莎士比亚的书。

　　"什么？出自莎士比亚的书？不可能！绝对不可能！先生你一定弄错了，我前几天才特意翻了《圣经》的那一段，我敢打赌，我说的是正确的，一定是出自《圣经》！如果你不相信，我可以把那一段背出来让你听听，怎么样？"那位先生听了卡耐基的反驳，马上说了一大堆话。

卡耐基正想继续反驳，忽然想到自己的朋友里诺就坐在自己的身边，里诺是研究莎士比亚的专家，他一定会证明自己的话是对的。

于是卡耐基便对里诺说："里诺，你说说，是不是莎士比亚说的这句话？"

里诺盯着卡耐基说："戴尔，是你搞错了，这位先生是正确的，《圣经》上确实有这句话。"随即卡耐基感到里诺在桌下踢了自己一脚。他大惑不解，但出于礼貌，他向那位先生道了歉。

回家的路上，满腹疑问的卡耐基埋怨里诺："你明白那本来就是莎士比亚说的，你还帮着他说话，真不够朋友。还让我不得不向他道歉，真是颠倒黑白了。"里诺一听，笑了："《李尔王》第二幕第一场上，有这句话。但是我可爱的戴尔，我们只是参加宴会的客人，而你知道吗？那个人也是一位有名的学者，为什么要我去证明他是错的，你以为证明了你是对的，那些人和那位先生会喜欢你，认为你学识渊博吗？不，绝不会。为什么不保留一下他的颜面呢？为什么要让他下不了台呢？他并不需要你的意见，为什么要和他抬杠？"

宽容要求我们不要因为小事和别人争执，能不苛责的时候就不要苛责，多给人台阶下，多放人过关。这应该成为我们待人处世的原则。

我们不要抓住他人的错误或缺点不放，要学会给别人台阶下，得饶人处且饶人，这样不仅会减少矛盾，也会提升自己的善良品质，进而会形成一种良好的社会风气。这种与人为善、悲悯众生的品德，正是人类生存所需要的美德。谁没有需要别人帮助的时候呢？从根本上说，谁又有资格装出法官的样子来审判和惩罚他人呢？谁没有偶尔疏忽或急中出错，需要别人宽恕的时候呢？如果你拘泥于这种低层次的偏执，则不仅会使他人尴尬难堪，悲从中生，也会让自己无端生仇，从天上降下个大灾难。从某种意义上来说，向善大于任何对错是非和人间法律。记住，不为难人，得饶人处且饶人，这种态度不仅应对一般人，也包括那些与我们结有仇怨，甚至是怀有深仇大恨的人。

别人可能恨你，但别人恨你不管用，除非你也恨他们，否则没有谁能毁灭你。这个世界需要包容，当然有时需要包容的对象是仇深似海的仇家。包容这种人当然有很大的难度，但是只要你勇敢地战胜自我，还是可以实现的。包容他人，也是善待自己的一种方式。

用宽容化解仇恨

能宽恕别人是一件好事，但如果能将别人的错误忘得一干二净，那就更好。

——勃朗宁

一位哲人曾经说过："以恨对恨，恨永远存在；以爱对恨，恨自然就会消失。"面对别人的伤害，我们要以德报怨，时刻提醒自己，让伤害到自己这里为止。

小男孩哈根有一条非常可爱的狗，不幸的是，有一天下午他的狗被邻居家的狗咬死了。小男孩简直气疯了，发誓要打死凶手，为他的宝贝狗报仇。

哈根的父亲很理解儿子的情绪，他知道凭语言无法说服儿子，于是他把哈根领到了邻居家的院子后面。

"那条狗在这儿，"父亲对哈根说道，"如果你还想干掉它，这是最容易的办法。"父亲递给哈根一把短筒猎枪。哈根疑虑地瞥了父亲一眼，然后点了点头。

哈根拿起猎枪，举上肩，黑色枪筒向下瞄准。邻居家的大黑狗用一双棕色眼睛看着他，高兴地喘着粗气，张开长着獠牙的嘴，吐出粉红的舌头。就在哈根要扣动扳机的一刹那，千头万绪闪过脑海。父亲静静地站在一旁，可哈根的心情却无法平静。涌上心头的是平时父亲对他的教诲——我们对无助的生命的责任，做人要光明磊落，是非分明。他想起他打碎母亲最心爱的花瓶后，她还是一如既往地爱他；他还听到别的声音——教区的牧师领着他们做祷告时，祈求上帝宽恕他们，如同他们宽恕别人那样。

于是，猎枪变得沉甸甸的，眼前的目标模糊起来。哈根放下手中的枪，抬头无助地看着父亲。父亲脸上绽出一丝笑容，然后抓住他的肩膀，缓缓地说道："我理解你，儿子。"这时他才明白，父亲从未想过他会扣扳机，父亲是要用一种明智、深刻的方式让他自己做出决定。

此刻，哈根感到无比轻松，他跟父亲跪在地上，帮忙解开大黑狗，大黑狗欣喜地蹭着他俩，短尾巴使劲地晃动，仿佛在庆幸自己免遭枪杀。

宽容是消除报复的良方。对于心底宽容的人来说，没有什么不可以饶恕的。在你宽恕别人的同时，也会将自己内心的仇恨一并消除。

有一次，一位作家与两位朋友阿尔和马修一同出外旅行。

三人行经一处山崖时，马修失足滑落，眼看就要丧命，机灵的阿尔拼命拉住了他的衣襟，将他救起。

为了永远记住这一恩德，动情的马修在附近的大石头上，用力镌刻下这样一行字："某年某月某日，阿尔救了马修一命。"

三人继续前进，几日后来到一处河边。可能因为长途旅行疲劳的缘故，阿尔与马修为了一件小事吵起来了，阿尔一气之下打了马修一耳光。马修被打得眼前直冒金星，然而他没有还手，却一口气跑到了沙滩上，在沙滩上写下一行字："某年某月某日，阿尔打了马修一记耳光。"旅行很快结束了。回到家乡，作家怀着好奇心问马修："你为什么要把阿尔救你的事刻在石头上，而把他打你耳光的事写在沙滩上？"马修平静地回答："我将永远感激并永远记住阿尔救过我的命，至于他打我的事，我想让它随着沙滩上字迹的消失而被忘记得一干二净。"宽容就是记着别人对自己的恩典，忘掉别人对自己的伤害。用爱和感激来代替仇恨，化解积怨。

尊重他人

——尊重他人就是尊重自己

哈佛告诉你

　　一个人只有懂得尊重别人，才能够赢得别人的尊重。在这个社会中，人与人之间是应当互相尊重的，每个人只有懂得相互尊重、相互关心，才能够愉快地生活在一起。作为未来社会的建设者，青少年应当恪守礼仪，养成尊重别人的习惯，只有这样才能构建一个和谐的社会氛围，为未来社会的发展贡献出更大的力量。

敬人者，人恒敬之

如果要让别人尊重你，首先要学会尊重别人。

——席勒

　　尊重他人，是一个人走向文明的起点。尊重他人是做人的基本美德。一切不文明的行为都是不尊重他人的表现。我们中国号称礼仪之邦，恪守着推己及人；己所不欲，勿施于人；敬人者人恒敬之，爱人者人恒爱之等一系列古训。

将心比心，凡事不仅要为自己想，也要为别人着想；你有自尊，人家也有；你尊重别人、爱护别人，别人才会尊重你、爱护你。

也许你曾遇见过或者听说过，有人问路时言语不礼貌，人家就会不理睬，甚至故意错指方向让他吃苦头；和人家一起办事情，如果傲慢无礼，人家就不会合作。我们每个人都有自尊心，都希望别人友好地对待自己，尊重自己，因此，尊重他人是人与人接近的必要且首要的态度。一个不懂得尊重别人的人当然也不会赢得别人的尊重。

有一天，一位中年女士领着一个小男孩走进了一座豪华的写字楼下面的花园里，然后在一张长椅上坐下来。这座写字楼是一个知名国际集团的总部，而这位中年女士就是这家公司的一名主管人员。她不停地在跟男孩说着什么，似乎很生气的样子。不远处有一位头发花白的老人正在修剪灌木。

忽然，中年女士从随身挎包里揪出一团白花花的卫生纸，一甩手将它抛到老人刚剪过的灌木上。老人诧异地转过头朝中年女士看了一眼，中年女士也满不在乎地看着他。老人什么话也没有说，走过去捡起那团纸扔进一旁装垃圾的筐子里。

过了一会儿，中年女士又揪出一团卫生纸扔了过来。老人再次走过去把那团纸拾起来扔到筐子里，然后回原处继续工作。可是，老人刚拿起剪刀，第三团卫生纸又落在了他眼前的灌木

145

上……就这样，老人一连捡了那中年女士扔的六七个纸团，但他始终没有露出不满和厌烦的神色。

"你看见了吧！"中年女士指了指修剪灌木的老人对男孩说，"我希望你明白，你如果现在不好好上学，将来就跟他一样没出息，只能做这些卑微低贱的工作！"

老人放下剪刀走过来，对中年女士说："夫人，这里是集团的私家花园，按规定只有集团员工才能进来。"

"那当然，我是集团所属一家公司的部门经理，就在这座大厦里工作！"中年女士高傲地说着，同时掏出一张证件朝老人晃了晃。

"我能借你的手机用一下吗？"老人沉思了一下说。

中年女士极不情愿地把手机递给老人，同时又不失时机地开导儿子："你看这些穷人，这么大年纪了连手机也买不起。你今后一定要努力啊！"

老人打完电话后把手机还给了妇人。很快一名男子匆匆走过来，恭恭敬敬地站在老人面前。老人对那个男子说："我现在提议免去这位女士在集团的职务！"

"是，我立刻按您的指示去办！"那个男子连声应道。

老人吩咐完后径直朝小男孩走去，他用手抚了抚男孩的头，意味深长地说："我希望你明白，在这世界上最重要的是，要学会尊重每一个人……"说完，老人撇下3人缓缓而去。

中年女士被眼前骤然发生的事情惊呆了。她认识那个男子，他是集团主管任免各级员工的一个高级职员。"你……你怎么会对这个老园丁那么尊敬呢？"她大惑不解地问。

"你说什么？老园丁？他是集团总裁詹姆斯先生！"

"啊，他是总裁？"

中年女士一下子瘫坐在长椅上。

尊重他人，除了要平等待人之外，还要尊重他人的职业。这位中年女士虽然身为一个国际集团的主管，却不懂得这个道理，结果吃亏的还是她自己。

有这么一则小故事，读来耐人寻味。有一个人经过热闹的火车站，看到一个双腿残障的人摆了个铅笔小摊，他漫不经心地丢下了100元，当作施舍。但是走了不久，这人又回来了，他抱歉地对这位残疾人说："不好意思，你是一个生意人，我竟把你当成一个乞丐。"过了一段时间，他再次经过火车站，一个店家的老板在门口微笑地喊住他。"我一直期待你的出现，"那个残疾人说，"你是第一个把我当成生意人看待的人，你看，我现在算是一个真正的生意人了。"

由此可见，尊重他人能给人带来意想不到的惊喜。尊重他人的职业尊严，既是一种对他人劳动价值的肯定，促使他人更加热爱自己的职业，更好地为社会服务；也是一种对自己的约束和鞭策，促使自己把工作做好，以报答别人为自己付出的劳动。所以，对于别人从事的职业，我们都要投去理解的目光；对于别人为自己付出的劳动，都要深情地道一声"谢谢"，这样才能使我们的生活更加和谐、更加温馨。

尊重他人是给自己的礼遇，尊重他人也就是尊重自己。一个不尊重别人的人，是绝不会得到别人尊重的。在人与人之间的交往中，自己待人的态度往往决定了别人对我们的态度，就像一个人站在镜子前笑得前俯后仰，镜子里的人也会如此大笑；你紧皱眉头，镜子里的人也眉心紧锁；你对着镜子大喊大叫，镜子里的人也冲你大喊大叫。所以，我们要获取他人的好感和尊重，必须首先尊重他人。

生活中时时刻刻都需要我们学会尊重。回到家时与父母长辈打声招呼是一种起码的尊重；上课专心听讲、按时完成作业是对老师辛勤劳动的尊重；在食堂就餐后，把椅子、餐具放好是对食堂师傅的尊重；在寝室按时睡觉是对其他同学的尊重；见到杂物捡起来，保持校园环境的干净，是对同学劳动成果的尊重；对职位高者不卑躬屈膝是对自己人格的尊重；对职位卑者不嗤之以鼻是对他人人格的尊重……

总之，尊重需要我们从小事做起，从身边事做起。在日常的生活中我们要学会尊重别人，才能够赢得尊重。

让别人感觉到自己重要

让他人感到自己重要——而且要真诚而为。

——卡耐基

卡耐基说过，与人交往有一个极为重要的法则，这一法则就是时时让别人感到自己重要。如果我们遵从这一法则，大概不会惹来什么麻烦，而且可以得到许多友谊和永恒的快乐。如果我们破坏了这个法则，就难免招致麻烦。著名哲学家约翰·杜威曾说过：“人类本质里最深层的驱动力就是希望具有重要性。”哈佛著名心理学家威廉·詹姆士也说过：“人类本质中最殷切的需求是：渴望得到他人的肯定。”

所有的话都说明了这样一个道理，渴望他人的尊重这种需求使得人类有别于其他动物，也正是这种需求成为推动人类文明和历史发展的重要动力。

被他人尊重可以唤起一个人心中的价值感和自豪感，可以成为他上进的动力。

第二次世界大战后受经济危机的影响，日本失业人数陡增，工厂效益很不景气。一家濒临倒闭的食品公司为了起死回生，决定裁员三分之一。有 3 种人名列其中：一种是清洁工，一种是司机，一种是无任何技术的仓管人员。3 种人加起来有 30 多名。经理找他们谈话，说明了裁员意图。清洁工说：“我们很重要，如果没有我们打扫卫生，没有清洁优美、健康有序的工作环境，你们怎么会全身心投入工作？”司机说：“我们很重要，这么多产品没有司机怎能迅速销往市场？”仓管人员说：“我们很重要，战争刚刚过去，许多人挣扎在饥饿线上，如果没有我们，这些食品岂不要被流浪街头的乞丐偷光？”经理觉得他们说的话都很有道理，权衡再三决定不裁员，重新制定了管理策略。最后经理令人在厂门口悬挂了一块大匾，上面写着“我很重要”。每天当职工们来上班，第一眼看到的便是“我很重要”这 4 个字。不管一线职工还是白领阶层，都认为领导很重视他们，因此工作很卖命。这句话调动了全体职工的积极性，几年后公司迅速崛起，成为日本有名的公司之一。

杜弗伦是美国卡耐基成人教育班里的一名讲师，他曾经在一次课堂上提起过自己在初级手工艺班授课时的一位学生布雷德的故事。

布雷德是个安静、害羞、缺乏自信心的男孩，平常在课堂上很少引人注意。一天，我见他正在伏案用功，便走过去与他搭话。他的内心深处似乎有一股见不到的火焰，当我问他喜不喜欢所上的课时，这个年仅14岁的害羞的男孩，脸上的表情起了极大变化。我可以看出他的情绪波动很大，想极力忍住泪水。

"你是说，我表现得不够好吗，杜弗伦先生？"

"啊，不！布雷德，你表现得很好。"

那天，上完课走出教室的时候，布雷德用他那对明亮的蓝眼睛看着我，并且肯定、有力地说："谢谢你，杜弗伦先生！"

布雷德教了我永远难忘的一课——我们内心深处的自尊。为了使自己不致忘记，我在教室前方挂了一个标语："你是重要的。"这样不但每个学生可以看到，也随时提醒我：每一个我所面对的学生，都同等重要。

这是一个未加任何渲染的事实：差不多你所遇见的每一个人都在内心渴望别人的尊重。所以，尊重别人一个很重要的原则，就是巧妙地表现出你衷心地认为他们很重要。

乐于合作

——在合作中发展自己

哈佛告诉你

　　一个人无论多么优秀，如果离开了别人的配合，就无法把自己的事情做好，也无法在未来的社会中立足。我们的社会是由各怀特长的人共同组成的，每个人都有自己的优点，都是不可取代的，只有相互合作，取长补短，才能够共同取得成功。

合作才能共赢

　　每个人都应当遵守生存法则，把个人命运联系在民族的命运上，将个人生存放在群体的生存里。

——巴金

　　有个人想知道天堂和地狱究竟有什么区别，于是便向神求教。

神对他说："好吧，我们先看看什么是地狱。"于是，神把他带进一个房间，那里有一群人正围坐在一大锅肉汤前。但是，每个人看起来都面黄肌瘦，一副饥肠辘辘的样子。那人仔细一看，虽然他们都拿着一只可以够到锅里的汤匙，但汤匙的柄却比他们的手臂还要长，根本无法将食物送进嘴里，就这样，他们只能眼睁睁地看着一锅香喷喷的肉汤兴叹，在饥饿带来的死亡面前，他们神情十分悲苦。

"来吧！我们再来看看什么是天堂。"看过地狱之后，神对那个人说。

他们又走进另一间房屋，和第一个房间完全相同：一锅汤、一群人、一样的长柄汤匙。但是这里的每个人都显得很快乐，吃得饱，睡得香，一个个满面红光，精神抖擞。

那个人感觉很奇怪，但他仔细一看，就明白了其中的原因：原来他们都将自己汤匙里的汤送到对面人的嘴里，在相互帮助中，每个人都喝到了美味可口的肉汤。

合作才能双赢。能不能伸手去喂别人，能不能互相帮助，就造成了天堂和地狱之间的差别。

有一个果农，培植了一种皮薄、肉厚、汁甜而少虫害的新果子。到收获季节，引来不少果贩纷纷购买，使这位果农发了大财，增加了不少财富。

当地不少人羡慕他的成功，也想借用他的种子来种果子，这位果农认为物以稀为贵，其他人也种这种果子将会影响自己的生意，所以还是自己独享成功的喜悦为好，于是全部都拒绝了，其他人没有办法，只好到别处去买种子。可是到了第二年果熟季节时，这位果农的果子质量大大下降了，果贩们也都摇头不买他的果子了。这位果农伤透了脑筋，只好降价处理。

果农想弄清楚产生这种现象的原因，于是就来到城里找专家咨询。专家告诉他，由于附近都种了旧品种果子，而唯有你的是改良品种，所以，开花时经蜜蜂、蝴蝶和风的传媒，把你的品种和旧品种杂交了，当然你的果子就变质了。"那可怎么办？"果农急切地问。"那还不好办？只要把你的好品种分给大家共同来种，不就行了。"果农立即按专家的说法办了。这一年，大家都收到了好果子，个个都喜笑颜开。

这位果农自以为独享财富，岂料独享就那么短暂，而且还带有毁灭性的后果。后来，他把改良的品种分给大家来种，不仅自己获得了财富，也帮助别人获得了财富，取得了双赢。

互惠双赢已经成为现代人生存和发展的一种共识。市场经济发展到今天，人们为了获取利益、效益和价值，在强调竞争的同时，更重视彼此的合作，争取双赢的结果。双赢是什么？双赢代表合作，双方利用有效的资源，避免竞争带来的额外消耗；双赢同时又是竞争，它可以让我们获取多方资源。

世上所有的植物当中，最雄伟的当属美国加州的红杉。红杉的高度大约是 90 米，相当于 30 层楼的高度。科学家深入研究红杉后，发现了许多奇特的事实。一般来说，越高大的植物，它的根应扎得更深。但红杉的根只是浅浅地埋在地下而已。理论上，根扎得不够深的高大植物，是非常脆弱的，只要一阵大风，就能将它连根拔起，红杉又如何能长得如此高大，且屹立不倒呢？

研究发现，红杉都是成片生长的。一大片红杉的根彼此紧密相连，一株连着一株。自然界中再大的飓风，也无法撼动几千株根部紧密联结、面积超过上千公顷的红杉林，除非飓风强到足以将整块地皮掀起。

追求成功也是一样，我们只有形成了双赢的思考模式，才能成为别人乐于合作的对象。生命的河流总有曲曲折折，人生的路也不免坎坎坷坷，困难就像一块巨大的拦路石挡在你必经的路途上。独木难成林，一人难为众，单凭自己的力量不能动它分毫。此时，唯有合作，才能产生更大的力量。

信任是合作的基石

期望得到赞许和尊重，它根深蒂固地存在于人的本性中，要是没有这种精神刺激，人类合作完全不可能。

——爱因斯坦

人人都厌恶虚伪和欺骗，向往人与人之间的真诚与信任。信任是人们交往与合作的前提，也是我们社会得以有秩序、和谐运转的前提。如果你仔细观察我们周围的人和事，并且把人们对他人的信任程度与他们在生活中的成功大小相比较，你就会发现那些老实人、涉世不深的人，那些认为别人都像自己一样诚实的人，比疑心重重的人生活得更加美满，更加充实。即使他们偶尔受骗，也同样比那些谁也不信的人幸福。

一位心理学教授曾和自己的学生做过这样一个实验。他让同学们前后站成两排，然后命令后一排的同学做好救助准备，待他喊了"开始"之后，前一排同学就往后一排相对位置的同学身上倒，他说："前面的同学别有顾虑，要尽力往后倒。好，开始！"

前排的同学们只是觉得有些好玩，他们按照心理学教授的指令，身子一点点向后倾斜，但是，大家明显地暗自掌握着身体的平衡，并不敢一下子倒向后排的人。

可是，这里面有个例外——一位男生在听到心理学教授的指令之后，紧紧地闭上了双眼，十分真实地向后面倒去。他的搭档是一位小巧玲珑的女生，当她感到他毫不掺假地倒过来时，先是微微一愣，接着就倾尽全力去抱住他。看得出，她有些力不自胜，但却倔强地抿紧了双唇，似乎誓死也要撑住他……她成功了。

心理学教授笑着去握他俩的手，告诉大家说："他俩是这次实验中表现最为出色的人。这位男生为大家表演了'信赖'——信赖是什么呢？信赖就是去除心中的猜疑和顾忌，完全地相信别人。这名女生为大家表演的则是'值得信赖'——值得信赖，其实是信赖催开的一朵花，如果信赖的春风吝于吹送，那么，这朵花就有可能遗憾地夭折在花苞之中，永远也休想获取绽放的权利；当然，如果信赖的春风吹得温暖，吹得和畅，那么，被信赖的人就被注入了一种神奇的力量——就像你们看到的那样，一个弱不禁风的女生可以撑住一个虎背熊腰的男生，一只充满了爱意的手可以托举起一个美丽多彩的世界。同学们，值得信赖是幸福的，而信赖他人是高尚的。让我们先试着做高尚的人，然后再去做幸福的人吧。"

只有相信别人，才能与别人更好地合作。相信别人可以驱散我们心头的猜疑和顾忌，学会信赖别人，并且努力让自己变得值得信赖，我们与他人的交往和合作就会变得更顺利。

青年是走向心理成熟的时期，这种心理需求指向尤显迫切。那么，如何提高别人对你的信任度呢？

1. 真实地表现自己

信任，不会在凭空的梦幻中产生，也难在乞求恩赐中获得，首先自己要有被人信得过的地方。就是说别人的信任之光只能从你自己的言行这个"光源"中产生。因此，坦诚、不加掩饰地再现自己本来面目，才是获得信任的基础。注意，与人交往，能把自己"推销"出去，是有胆有识之举。你得适度地暴露自己，让人们一定程度地注意你，这样你就有希望找到释放能量和获得信任的机会。若躲躲闪闪，明枪暗箭，故作姿态，忸忸怩怩，给人以捉摸不透的感觉和模模糊糊的印象，那别人是很难确定信任的意向，向你投掷信任的砝码的。所以，如实地表现自己，是取信于人的基石。

2. 注意第一印象

为别人办第一件事，对别人说第一句话，都会在对方心里留下潜印象，成为对你最终评价的参照。有的人，不注重第一次交往的"效应"，往往容易造成误会，事后又不懂如何弥补，就会给人"此人不太牢靠"的印象。而印象一旦固定，要改变它就得多花费好多精力。

3. 慎许承诺

提高信任度，最关键的一点是把握好允诺与兑现的尺度。一旦与人敲定，就一定想方设法尽力去办，实在存在困难，出现了意外，应向对方解释清楚，寻找补救办法，但切忌变换过多，给人敷衍了事的感觉。办事要扎实，不要拍胸夸口或模棱两可，应具有时间观念和信用意识。确实难以成全的，应直接说明适当的理由，给人以讲究实际和礼貌的感觉。生活中最忌讳允诺随随便便，因为轻率的允诺既害苦自己，也使别人大失所望，直接影响别人对你的信任和尊重。兑现诺言，是应该孜孜以求的。

学会欣赏对方

一朵花打扮不出美的春天，众人先进才能够移山填海。

——雷锋

我们的社会是由各怀特长的人共同组成的。每个人都有自己的优点，都是不可取代的，只有相互合作，取长补短，才能够共同取得成功。

在一次 NBA 决赛中，新秀皮蓬独得 33 分超过乔丹 3 分，而成为公牛队比赛得分首次超过乔丹的球员。赛后，乔丹与皮蓬紧紧拥抱着，两人泪光闪闪。

当年乔丹在公牛队时，皮蓬是公牛队最有希望超越乔丹的新秀，他时常流露出一种对乔丹不屑一顾的神情，还经常说乔丹某些方面不如自己，自己一定会超越乔丹一类的话。但乔丹没有把皮蓬当作潜在的威胁而排挤，反而对皮蓬处处加以鼓励。

有一次比赛结束后，乔丹问皮蓬："我们的3分球谁投得好？"皮蓬有点心不在焉地回答："你明知故问什么，当然是你。"因为那时乔丹的3分球成功率是28.6%，而皮蓬是26.4%。但乔丹微笑着纠正："不，是你！你投3分球的动作规范、自然，很有天赋，以后一定会投得更好，而我投3分球还有很多弱点。"并且还对皮蓬说："我扣篮多用右手，习惯地要用左手帮一下，而你，左右都行。"这一细节连皮蓬自己都不知道，他深深地被乔丹的无私所感动。

从此以后，皮蓬和乔丹成了最好的朋友，皮蓬也成了公牛队17场比赛得分首次超过乔丹的球员。而乔丹这种无私的品质则为公牛队注入了难以击破的凝聚力，从而使公牛队创造了一个又一个的神话。

对于一个集体而言，一个人的成功不是真正的成功，集体的成功才是最大的成功。因此，我们应当尊重并鼓励身边的人，团结好每一个人，这样大家才能够同心协力。

克雷洛夫说过，一燕不能成春。一个人无论多么优秀，如果离开了别人的配合，也无法把自己的事情做好。如果一个交响乐团的每一个人只是弹自己最擅长的乐曲，那么，整个交响乐团只会产生杂音。任何一个企业，如果每个人都只做自己想做的事情，没有一点配合他人的精神，那么，这个企业就无法达成任何目标。无论自己多么优秀，都不要轻视其他人，要学会欣赏别人的优点，取长补短，与他人互相配合，这样才能把事情做好。

分享
——懂得分享才能创造共赢

哈佛告诉你

　　分享可以让快乐加倍，忧伤减半。一个人只有懂得分享，才能够从生活中获得更多。一个人只有懂得分享，才能够真正地拥有幸福和快乐。自私和狭隘只能让一个人步入生命的低谷，如果一味地让自私和狭隘封闭自己，而不主动去和别人交往和分享，那么永远也不会品尝到人生快乐的滋味。

开放的花园最美丽

　　一张笑脸可以引发无数张笑脸，但一张哭丧的脸却永远孤独。

——康德

　　米契尔是一个有名的大富翁。他有美丽的洋房和大片的花园。但他也有一个令自己头痛的难题：这么多的财富肯定有好多人在打自己的主意。怎么办呢？于是米契尔让仆人在房子四周筑起高高的围墙。

春天一到，花园里鲜花怒放，阵阵花香飘过围墙，令全镇的人都很神往。几个好奇的孩子想：院子肯定种着奇花异草，听说有一种长着大眼睛的花还会给孩子唱歌呢。于是孩子们打起主意，决心探个究竟。

朦胧的夜晚，孩子们搭起人梯跳到院子里，他们在花丛中寻找着，踏坏了许多鲜花和嫩草。后来，他们被仆人发现，赶出了院子。

米契尔大为恼火，把这事讲给朋友听。

朋友笑着说："为何不把围墙拆了呢？"

米契尔说："那我会丢失好多的财产！"

朋友笑了，说："有围墙又怎样？连一群孩子都拦不住，何况身手不凡的大盗呢！"

米契尔终于听从了朋友的劝告，彻底拆掉了围墙。于是，孩子们首先冲入花园。他们仔细寻找心中的神花，结果，根本没有什么奇花异草。米契尔的朋友把孩子们请到客厅，并让他们美餐了一顿，然后对孩子们说："在花园中种下你们心中的神花吧！"孩子们高兴得跳起来，然后跑到花园里去了。

因为米契尔拆掉了围墙，全镇的人都可以欣赏到花园的美丽。米契尔得到了全镇人的爱戴和尊敬。

一天，一伙大盗闯入米契尔的家，准备将他家洗劫一空，刚闯入花园不远就被守护神花的孩子们发现。小杰克跑到洋房报告

情况；小詹森跑去镇上通知大人们。结果大盗们被及时赶到的米契尔和镇上的人们捆绑起来。

庆功宴上，米契尔对所有人说："我要感谢你们，你们使我懂得了一个伟大的道理——这个世界上只有敞开的花园最安全最美丽。"米契尔的话博得了所有人最热烈的掌声。

分享并不意味着失去，独占也不意味着拥有，懂得分享的人生，可以让我们收获更多。

　　有个年轻人搬进某处公寓二楼后，在阳台上种植了一大排迎春花，如藤蔓的细枝叶逐渐生长，慢慢地垂悬于一、二楼之间。

　　夏天来临时，迎春花形成了一片美丽的绿色布幔。

　　年轻人几度想将迎春花枝叶拉起用木架固定，如此可以帮他挡住西晒的太阳，略略降低屋内闷热的暑气，但转念又认为如此做未免太小气，从而作罢。

　　春天来临时，悬垂的绿色布幔开满了黄色的小花，吸引了许多不知从何而来的美丽蝴蝶，翩翩飞舞的蝴蝶与争妍的小黄花为单调而略显寂寞的公寓带来了活泼生气。

　　年轻人站在阳台上，眼光追逐着一只美丽的彩蝶，忽然惊奇地发现有几株葡萄藤即将攀上他的阳台。往下看，一个女孩对着他微笑。

　　楼下人家为了感谢年轻人种植的迎春花妆点出的美丽和挡住夏天的阳光，所以种植了葡萄以

为回馈。

如此一来，两家熟稔了起来，就在第二年葡萄结果累累，迎春花又开满黄色小花时，年轻人与楼下美丽的女孩也收获了爱情的甜蜜果实，彼此携手走过红毯。

只有懂得分享才能真正拥有幸福和快乐，如果一味地封闭自己，不主动去与人交往和分享，那么永远也品尝不了人生快乐的滋味。

分享可以破除人与人之间的自私和冷漠，把自己的胸怀打开，主动地去与人分享和交流，你就能够体会到更多的快乐和温情。

给予是快乐的源泉

给，永远比拿愉快。

——高尔基

给予是快乐的源泉。给别人帮助，为别人带去快乐，一个快乐会变成更多的快乐，别人快乐了，你和他的友谊会更加牢固。这就是为什么要分享快乐的原因以及分享快乐的好处。

有这么一篇童话故事：有个吝啬的财主，从来不肯分给人一点东西。一天，他听说某座山上有着快乐的泉水，他很欣喜地带着一个用水晶做的瓶子去取这种泉水。他到中途，迷了路，于是就问一位老大爷。老大爷见是吝啬的财主，就不愿意回答。可是财主再三要求，纠缠得他不耐烦。老大爷终于给财主指点了路，并说："你要记住，你打回水之后，一定要同乡亲们分享泉水。"财主答应了。他果然找到了快乐的泉水。在回家的路上，他虽然记得老大爷的话，却不想把水分给乡亲们喝。他回家了，认为自己找到了快乐泉水，但他的瓶子里面倒出来的不是水，而是一张纸条，上面写着："只顾自己快乐的人，永远得不到快乐！"

给予能够为别人带去快乐，也能够为自己带来快乐。一个贫困的地区发生了地震，某个青年得了需要花费很高医药费的疾病……发生这些事情后，有的人并不富裕，但是依然捐出一些钱来支援他们。这又没有人逼他们，他们为什么会这么做呢？原因之一，就是因为他们把别人的困难当作自己的困难，与受难者共同承担困难和痛苦。在这个过程中他们会感受到帮助他人的快乐。

一个男子坐在一堆金子上，伸出双手，向每一个过路人乞讨着什么。

这时，一个天使走了过来，男子向他伸出双手。

"孩子，你已经拥有了这么多的金子，难道你还要乞求什么吗？"天使问。

"唉！虽然我拥有如此多的金子，但是我仍然

不满足，我要乞求更多的金子，我还要乞求爱情、荣誉、成功。"男子说。

天使从口袋里掏出他需要的爱情、荣誉和成功，送给了他。一个月之后，天使又从这里经过，那男子仍然坐在一堆黄金上，向路人伸着双手。

"孩子，你所求的都已经有了，难道你还不满足吗？"

"唉！虽然我得到了那么多东西，但是我还是不满足，我还需要更多的刺激。"男子说。天使把他想要的刺激也给了他。

一个月后，天使又见那男子坐在那堆金子上，向路人伸着双手——尽管有爱情、荣誉、成功、快乐和刺激陪伴着他。

"孩子，你已经拥有了你想要的，难道你还乞求什么吗？"

"唉！尽管我已拥有了比别人多得多的东西，但是我仍然不能感到满足，老人家，请你把'满足'赐给我吧！"男子说。

天使笑道："你需要满足吗？那么，请你从现在开始学着付出吧。"

天使一个月后又从此地经过，只见这男子站在路边，他身边的金子已经所剩不多了，他正把它们施舍给路人。他把金子给了衣食无着的穷人，把"爱情"给了真正需要爱的人，把荣誉和成功给失败者，把快乐给了忧愁的人，把刺激送给了麻木冷漠的人。现在，他一无所有了。

看着人们接过他施舍的东西，满含感激而去，男子笑了。

"孩子，现在，你拥有满足了吗？"天使问。

"拥有了！拥有了！"男子笑着说，"原来，满足藏在付出的怀抱里啊。

当我一味乞求时，得到了这个，又想得到那个，永远不知什么叫满足。当我付出时，我为我自己人格的完美而自豪、满足；为我对别人有所帮助而感到由衷的高兴；为人们向我投来的感激的目光而快乐。"

我们应该怀着无私奉献的心来对待生活，对待身边的人。多想想拥有什么，付出哪些，少想想还要得到什么，这样才会觉得生活是幸福而快乐的。

迪克曾经是世界上最快乐的流浪汉。

"我为什么不快乐呢？我每天都能吃得饱饱的，有时甚至还能讨到一截香肠；我每天还有这座破庙可以挡风遮雨；我不为其他的人做工，我由自己主宰。我为什么不快乐呢？"迪克这样回答那些羡慕他的人。

然而有一天，迪克却突然好像丢了什么宝贝似的，一下子变得闷闷不乐了。

事情是这样的，一天，迪克在回破庙的路上捡到一袋金币，准确地说是 99 块金币。

其实捡到金币的那个晚上，迪克是最最快乐的。"我可以不做叫花子了，我有了99块金币！这够我吃一辈子啊！99块，哈！我得再数数。"迪克怕这是一个梦，他不敢睡觉。直到第二天太阳出来时，他才相信这是真的。

第二天，迪克很晚也没有走出破庙，他要把这99块金币藏好，这真的需要费一番工夫。"这钱不能花，我得攒着。我要是拥有100块金币就好了。我要有100块金币。"从来没有什么理想的迪克现在开始有了理想。他还需要一块金币，这对一个叫花子来说，绝对是一个非常远大的理想。

晌午迪克才出去讨饭，不！他开始讨钱，一分一分的。中午他很饿，他只讨了一点儿剩饭。下午，他很早就"收工"了，他得用更多的时间守着他的金币。

"还差97分。"晚上他反复地数着他的金币，他开始忘记了饥饿。

一连几天，迪克都这样地度过。这样过日子的迪克就再也没有吃饱过，同时也再没有快乐过。

"迪克，你为什么不快乐了？"

"咱是流浪汉，快乐个啥！"

迪克越来越忧郁，越来越苦闷，也越来越瘦弱。终于有一天，迪克病倒了。这一病迪克就几天也没有起来。病后的迪克整天想着的就是一件事：还差16分就100块金币了。给予是快乐的源泉。一个整天想着索取而不想着与人分享的人是体会不到真正的快乐的。青少年要学会分享，在给予中体会分享的快乐。世界上一切美好的东西和一些痛苦的事情，都需要有人来分享。让我们记住高尔基给儿子的信中的一句话：给，永远比拿愉快！

分享促人成长

倘若你有一个苹果，我也有一个苹果，而我们彼此交换苹果，那么我们仍然各有一个苹果。但是，倘若你有一种思想，我也有一种思想，而我们彼此交流这些思想，那么我们每人将各有两种思想。

——萧伯纳

在 20 世纪 30 年代，英国送奶公司送到订户门口的牛奶，既不用盖子也不封口，因此，麻雀和红襟鸟可以很容易地吃到凝固在奶瓶上层的奶油皮。后来，牛奶公司把奶瓶口用锡箔纸封起来，想防止鸟儿偷食。没想到，20 年后，英国的麻雀都学会了用喙把奶瓶的锡箔纸啄开，继续吃它们喜爱的奶油皮。然而，红襟鸟却一直没学会这种方法。原来麻雀是群居的鸟类，常常一起行动，当某只麻雀发现了啄破锡箔纸的方法后，就可以教会别的麻雀。而红襟鸟则喜欢独居，它们圈地而居，沟通仅止于求偶和对于侵犯者的驱逐。因此，就算有某只红襟鸟发现锡箔纸可以啄破，其他的红襟鸟也无法知晓。

动物是这样，人亦如此。分享可以促进人与人之间的互相交流和学习，可以使我们更快地成长。青少年正值学习知识的黄金时期，在独立钻研的同时，要学会与大家分享新发现、新成果，相互磋商，彼此分享，创造一种积极互助的关系。合作能够产生

合力，分享能让人领先一步。因为每一个人的才干、智慧和个性有其独特性，所以在一个合作团体内，如果能够交换、分享、包容不同的特点，就会产生整体大于单一要素的整合作用。

英国戏剧家萧伯纳说过："倘若你有一个苹果，我也有一个苹果，而我们彼此交换苹果，那么我们仍然各有一个苹果。但是，倘若你有一种思想，我也有一种思想，而我们彼此交流这些思想，那么我们每人将各有两种思想。"

把自己的东西主动拿给别人分享，这需要勇气，体现的是仁爱和宽容；而积极地分享别人的思想，则意味着尊重，体现的是民主和合作。

学会分享可以使我们学会关心他人，关心自己；欣赏他人，欣赏自己；有效地团结协作，交际磨合；注意权衡自己在群体中的地位和作用，处理好人际关系；及时地把自己的想法以适当的方式表达出来，走出封闭的自我，积极接纳别人的看法，能够与他人进行心灵的沟通。

许多国际性教育机构调查和研究认为，"学会分享""学会交往""学会合作"已经是新世纪学习的显著特征。分享情绪的感受、内心的想法，分享学习和生活中的失败与成功的体验，把个人独立思考的成果转化为大家共有的成果。分享中可以以群体智慧来解决个别的问题、以群体智慧来探讨学习上遇到的困难和问题，这样能够培养人与人之间相互协作的精神，促进大家共同的学习和进步。所以说，学会分享是人生一笔永远的财富。

国内著名成功学专家黑幼龙先生认为分享是一个挖掘个人潜力的好方法。知名的"周哈里窗户理论"（Johari Window）指出，每个人的内在都像一扇窗，分成4个方块。

第一块是自己看得到、别人也看得到的部分；第二块是自己看得到、别人看不到的部分；第三块是别人看得到、自己却看不到的部分；第四块则是自己和别人都没有发现的部分。

和人分享的时候，第二块和第三块会愈来愈小，第一块则会愈来愈大，因为你会表达自己的想法，别人也会把他所看见的部分告诉你。

生活中那些进步较快的人有一个很重要的特点就是他们很喜欢跟别人分享，对自己有更多的了解，于是在面对困境时，也更容易找到解决办法。长时间下来，跟一个只会埋头苦干的人比起来，差别会愈来愈明显。

许多好点子、好的做事方法、好的观念，都是通过真诚分享才能获得，光靠一个人绞尽脑汁，不是那么容易突破。

一个懂得分享的人，生命就像加利利湖的水一样，丰沛而且充满活力。只有懂得与别人交流和分享，我们才能够在智慧和情感的分享中不断地提升与发展。

崇尚运动

——运动是生命的节奏

哈佛告诉你 ◌

运动是生命的节奏，也是促使我们成功的一份必不可少的力量。运动的好处除了能够强身健体以外，同时还能够培养我们不断拼搏进取和挑战自我的勇气。只有一个热爱运动、崇尚体育精神的人才能够不断拼搏进取，为自己的青春留下精彩、富有意义的一笔，让自己的人生变得更加绚丽。

挑战生命的极限

如果不尽力一试，你不会知道自己的极限在哪里。

——托登布尔

挑战极限是一种很重要的体育竞技精神。体育竞技的一个重要目的就是把人的体能推到一个极限。人类运动史上有很多运动

项目，比如马拉松、超长马拉松等竞技项目都是为了向人类忍耐力的极限发起挑战。养成一种敢于挑战自我极限的习惯，及具有挑战自我极限的体验对于青少年的成长来说大有裨益。

我们都知道美国电影《阿甘正传》表现的是一个被常人称之为低能的人成功的故事。阿甘之所以能够成功，从某种意义上讲，是由于他自己并不知道自己智商和常人不一样。这使我们联想到动物界的故事。有一种动物叫大黄蜂，它的身体肥大笨重，翅膀却十分短小。生物学家根据空气动力学原理，并经过仔细计算，最后断言，大黄蜂是绝对不可能会飞的。但令人不解的是，大黄蜂不仅能飞，而且飞行速度远远超过一般的蜜蜂。这是为什么？因为大黄蜂并不知道自己不会飞。

挑战自我极限，意味着我们要勇于超越，敢于打破自己体能和意志上的局限，就像奥运精神所倡导的那样，努力向"更快、更高、更强的目标迈进"。敢于挑战自我极限是推动人类文明发展的重要动力，而并不是异想天开。无数事实证明，人的潜能是超乎自己的想象的。

　　20世纪80年代，有一艘叫赫尔瑟的渔船因为没有得到警告，在驶近冰岛时，撞入水下渔网并遭遇大潮而翻了船。当事件发生时，船上有5个人，两个在甲板下，当船像龟壳一样翻扣过来时，他们不是被淹没了，就是因寒冷休克窒息而死。另外3人一起待在寒冷的黑暗中，他们牢牢地抓住翻转的船的龙骨。他们知道，和船待在一起获救的可能性最大，但仅仅几分钟后，船身沉没了，他们很快就失去了这种选择。他们当时被困在离岸4.8千米的地方，气温在0℃以下，水温大约5℃。

　　很多专家都认为他们已经毫无生还的希望，因为在这种情况下，能够存活的时间不会超过20分钟。除此之外，专家还做出这样的预测：如果他们看到远处岸上的灯光并向它游去的话，他们生存的时间有可能还要缩短。计算机模型和实验数据都发现同一个奇怪的事实，就是当淹没在寒冷水域中的人试图通过游动来努力保持温暖时，他们反而会冷得更快——寒冷的水流冲泡他们的衣服所引起的热量流失会大大地超过他们在运动中产生的热量，这是因为水对热的传导能力比空气的传导能力要强25倍以上。

那 3 个人也许并不了解理论上所指出的危险，在意识到救援不会马上到来后，他们开始向岸边游去，为了求生大家用尽了全身的力气。居然有一个人活了下来，他就是 23 岁的戈罗·弗雷多。据弗雷多回忆，游了不到 10 分钟，他就发现寂静的黑暗中只剩下他一个人。但他接着向前游去，尽管腿和胳膊的疼痛使游动变得很困难，他仍一直保持着运动。他一直游了 6 个多小时，直到天色泛亮，太阳升起，他发现自己靠近了一个海滩。后来，他被涨潮的潮水冲上海滩，上了岸，看到不远的地方有一座农舍，他步履蹒跚地跑到那儿，告诉人家发生了什么。

在现实生活中，当一件事被认为是不可为时，我们就会为不可为找到许多理由，例如：我的智商没有别人高；我吃不了苦；我天生腼腆，不善于和生人打交道……从而使这个不可为显得理所当然，我们也就不会采取积极有效的行动，最终的结果肯定是这件事真的成了不可为了。

德国数学家高斯在上中学的时候，有一次，他在数学课上打瞌睡，下课铃响了，他醒了过来，抬头看见黑板上的一道题目，以为是当天的家庭作业。回家后，他埋头演算，一开始怎么都算不出来，但他还是锲而不舍。最后，他终于算出来了，并把答案带到课堂上。老师见了，不禁瞠目结舌，原来那是一道被认为是无解的题。那么高斯为什么能算出那道题目呢？因为高斯不知道那道题目是没有答案的。

只要勇于挑战，你就能够击败许多"不可能"，充分地激发出个人的潜能。青少年处于人生成长的黄金时期，更应当培养自己挑战极限的精神，让自己的青春岁月中多留下一些挑战自我极限的体验。

拼搏是成功的前奏

生活好比是橄榄球的比赛，原则就是：奋力冲向底线。

——富兰克林·罗斯福

拼搏是成功的前奏，一个人无论做什么，要取得成功，都应当养成敢于拼搏的精神。

19 岁的华裔女孩吴羽洁一直在创造奇迹：13 岁时连跳 4 级，以全美第一名的成绩考上美国加州大学；16 岁时考上美国伯克莱大学攻读硕士学位，并担任大学政治研究所所长助理；17 岁时又考取哈佛大学法学院攻读博士学位……不仅如此，她还被评为"洛杉矶最高荣誉市民""比尔·盖茨优秀学生"，被人们誉为"天才少女"。然而，面对人们的赞誉，吴羽洁却称自己算不上天才，她的成功除了"学习努力 + 方法正确"之外，还有母亲的殷殷关爱……

自从吴羽洁的学习成绩达到全优后，母亲便开始通过"动感练习"帮助她超前学习。这种"动感练习"就是在轻松的环境下，不分时间，不讲地点，不拘形式地学习。在母亲的安排下，吴羽洁整整超前了 3 学年。

上八年级时，吴羽洁参加了大学的早期入学计划考试。在 2748 名考生中，她以第一名的成绩顺利地通过了综合考试，连跨4个年级直接升入了美国加州大学。13岁的吴羽洁因此成了一名少年大学生。进入大学后一年，吴羽洁被评为"全美大学最佳新生"。

2004年，从加州大学毕业后，吴羽洁以优异的成绩考上了美国国立大学之冠的伯克莱大学攻读硕士学位。同时，她还担任该大学的美国政治研究所所长助理。这年，吴羽洁还获得了"全美亚裔最佳新闻记者""伯克莱大学优秀女生领袖""全美优秀中国学生"称号，并被全球发行量逾130万的著名杂志《现代都市女孩》评为2004年度"现代都市女孩"。

2005年1月，吴羽洁参加了哈佛大学法学院的博士研究生入学考试（LSAT）。在报考人数高于往年3倍的特殊情况下，她的考试成绩竟排在了前1%的优秀行列之中。17岁的吴羽洁被哈佛大学法学院顺利录取了。

拿到哈佛大学法学院的录取通知书，吴羽洁激动得泪光闪动，她不仅为自己的成绩高兴，更为自己的中国血统而自豪！

2005年5月，吴羽洁提前修完所有硕士研究生课程，以优异的成绩从柏克莱大学毕业，并获得了"最高荣誉毕业生"称号。随后，吴羽洁正式进入哈佛大学攻读博士学位。进校之后不久，吴羽洁成了哈佛大学法学院极少数由校方提供奖学金的优秀学生。

为培养实际工作能力，每一个假期，吴羽洁都要到美国最著名的法律公司，专门为影视界、出版界人士解决法律问题。怀着对祖国的思念，她还一直坚持为中国的英文报刊撰写稿件，帮助中国的学生提高英语水平。

2006 年 7 月 22 日，忍不住对祖国的思念，吴羽洁不远万里从美国飞回祖国。在上海，她向成千上万的青少年学生做了题为"哈佛之梦与成功之路"的首场演讲。她在讲述完自己成功经历后，激动地对所有在座的青少年学生说："哈佛之梦造就了我！我们是中国人，我们每天都在拼搏！"

在这个充满竞争的世界里，懦弱无能的人只会失败，只有那些拼搏者才能成功。每个人出生时都是一样，而拼搏者的人生才会是绚丽多彩的。

像吴羽洁这样的事例还有许许多多，举不胜举。这些人成功和快乐的唯一秘诀就是拼搏。没有谁一生下来就注定要成为作家、音乐家……也没有谁一生下来就注定是个无人能及的天才。但为什么有人就是作家、音乐家呢？原因很简单，还是那两个字——拼搏。

俗话说世上无难事，只怕有心人，这句话不也是拼搏能改写人生的最有说服力的证据吗？有些青少年朋友在成长过程中总是依赖别人，却永远也不信自己，靠自己。不去付出一点点的努力，这样的青年永远也不会有什么骄人的成就。

青少年朋友们，为了灿烂而又精彩的生命学会拼搏吧，相信拼搏过后你的世界将会变得绚丽，变得让人羡慕！

养成热爱运动的好习惯

运动的好处除了强身健体之外，更是使一个人精神保持清新的最佳途径。

——罗兰

医学上早已发现，身体受损引起的各种生命障碍，皆因人体对外部环境不适应所致。为了保证机体内部与自然界的变化相适应，必须始终处于运动状态中。

早在公元前300年，古希腊伟大思想家亚里士多德就提出了"生命在于运动"的名言，深刻寓意了运动对身体健康所起的重要作用。后来，医学和生理学关于"适者生存"的理论，明确地说明：人的健康状况和工作效率，不仅取决于全身各器官、系统的功能和相互协调，而且还取决于整个身体对自然和社会环境的适应能力。怎样才能获得这种"适应能力"呢？经过人们长期探索，终于得出这样一个结论：获得对环境的适应能力是长期锻炼的结果。不同人对环境适应能力的差异，除受制于不同的生活环境外，在相当程度上与体育锻炼息息相关。

美国著名心血管专家肯尼思·库柏博士指出，只要参加运动就一定会受益。对脑力劳动者尤其是如此。据统计，1968年美国有24%的成人开始运动，在此后的15年里，美国心肌梗死死亡率下降37%，高血压死亡率下降60%，人平均寿命从70岁增至75岁。可见，运动是"健脑剂"，是健康的"催进剂"。让我们走进运动场，尽情活动自己吧。

有一句古话："工欲善其事，必先利其器。"就是说，聪明的匠人决不会使用已经损坏的工具。天下没有一个理发师用迟钝的剪刀而指望其生意兴隆，也没有一个木匠用迟钝的锯子和斧头而指望其做工精良。

健康是人生的第一财富，是成功的载体，如果没有健康的身体作保证，理想、事业、幸福、成功都将不复存在。运动不仅可以让我们的身体保持健康，而且还是一种很好的调节方式。

有时候学习太紧张，我们往往很少主动去参加运动。长时间的伏案学习后，脑细胞得不到充足的血液和氧气供应，容易出现疲劳，感到头昏脑涨。也有的时候，因为一些事情，我们会感到沮丧、困惑或无聊。

在这些情况下，或许我们能采取的最好办法就是像阿甘那样：停止学习，或者放下不愉快的情绪，去做一些自己比较喜欢的体育运动，如跑步、打球等。运动不仅有利于我们的身体健康，而且还具有解除大脑疲劳、振奋精神、调节心理状态等神奇功效。

没有规定说哪一种运动方式最好。有的人喜欢像阿甘那样跑步，有的人则喜欢骑车，还有的人喜欢滑冰、跳舞或做操。

不管任何运动，只要勤加练习，就能帮助维持自己的健康。当然要注意到，如果运动过度，会造成疲劳，反而有可能会影响健康。若花大量时间运动，没有顾到学习和其他事情，也会适得其反，所以凡事一定要适可而止。

最后，要以平常心去努力锻炼，因为当心里感到平静安稳的时候，身体才会跟着感到舒服。一位世界级运动员曾经说过一句很经典的话："当我的肉体疲倦了，我的精神也随之得到休息。"

从现在开始，选择一两种适合自己的并且能够长期坚持下去的运动项目，甚至把它作为自己的一种爱好，乐此不疲。长期坚持下去，运动就会成为你的一种生活习惯。